Günter Harnisch

Inspiration und Kraft der Symbole

Günter Harnisch

Inspiration und Kraft der Symbole

So finden Sie Ihr persönliches Kraftbild

AIRA

FSC
www.fsc.org

MIX
Papier aus verantwortungsvollen Quellen
FSC® C106847

Neuausgabe 2013
Bisheriger Titel: Inspiration und Kraft der Symbole

www.herder.de

www.aira-verlag.de

Umschlagkonzeption und -gestaltung: Verlag AIRA
Umschlagmotiv: © Julia Filipenko - Fotolia.com
Satz: Rudolf Kempf, Emmendingen
Herstellung: fgb • freiburger graphische betriebe
www.fgb.de
Printed in Germany

ISBN 978-3-95474-015-4

Inhalt

Teil 1: Wege der Begegnung mit Symbolen – Was sich mit inneren Bildern alles anfangen lässt

Wie dieses Buch Ihr Leben verändern kann

Wir denken, fühlen und sprechen in Bildern. Bilder können faszinieren, verzaubern, Lebensenergie geben, aber – in Gestalt der täglichen Horrorbilder in den Medien zum Beispiel – auch Kraft rauben und uns krank machen.

Die Menschen fast aller Kulturen nutzen die in Bildern enthaltene Kraft seit uralter Zeit. Jahrtausende hindurch luden sie bestimmte Symbole durch ihre Gebete, Gesänge, Visionen und Rituale mit Kraft auf und reichten sie von Generation zu Generation weiter. Diese Energie steht uns Menschen des 21. Jahrhunderts nach wie vor zur Verfügung. Sie ist jederzeit für uns abrufbar, wenn wir uns auf sie besinnen. Doch sie droht in Vergessenheit zu geraten. Dieses Buch will seinen Leserinnen und Lesern helfen, sich „die verlorene Sprache der Symbole“ (Erich Fromm) gleichsam auf spielerische Weise wieder selbst anzueignen. Die in diesem Buch dargestellten Symbole lassen sich wie Bälle auffangen und weiterwerfen: eine spannende Angelegenheit für Menschen, die Freude und Spaß daran gewinnen, mit Symbolen aktiv und manchmal auch spielerisch umzugehen.

Symbole erzählen uns Geschichten. Und mit Hilfe von Symbolen lassen sich Geschichten erzählen: ein Abenteuer, das gerade in unserer Zeit an Bedeutung gewinnt. Denn die modernen Kommunikationsmedien geben fast ausschließlich nur noch Bilder mit fest umrissenem Inhalt vor. Doch um die Fantasie und die Kreativität der Menschen anzuregen, sind offene Bilder notwendig, Symbole, die der Fantasie Raum schaffen – und damit der eigenen Kreativität.

Der Physiker und Nobelpreisträger Wolfgang Pauli hat auf die Bedeutung hingewiesen, die innere Bilder selbst für die wissenschaftliche Forschung haben. Für ihn beginnt die Entwicklung wissenschaftlicher Ideen im Unbewussten, lange bevor sich ein Gedanke mit den Mitteln des Verstandes formulieren lässt. Innere Bilder sind für ihn die „Brücke zwischen den Sinneswahrnehmungen und den Ideen“ und aus diesem Grunde „eine notwendige Voraussetzung für die Entstehung einer naturwissenschaftlichen Idee.“

Der bewusste Gebrauch von Symbolen zieht sich quer durch die unterschiedlichen Gruppierungen unserer Gesellschaft. Spitzenpolitiker tragen Symbole wie Markenzeichen und kleiden sich mit hohem Stilbewusstsein. So trägt etwa Hans Dietrich Genscher seine bekannten gelben Pullover nicht nur aus Identität mit der Farbe der FDP, sondern weil „Gelb hell und freundlich ist" wie er selbst scherzhaft in einem Interview erklärte. Die Strickweste Helmut Kohls bis hin zu den Schals und Pullovern, die Claudia Roth in Grün, Walter Momper und Ludwig Stiegler dagegen in Rot tragen – die politische Landschaft wimmelt von Symbolen aus Stoff. Schon Adenauer soll sein Pepitahütchen als Symbol der Westintegration getragen haben. Doch inzwischen sind solche Symbolaussagen immer feiner geworden. Man muss manchmal schon genau hinsehen, um in den Anzügen und Kostümen der Menschen bewusst oder unbewusst eingesetzte Zeichen zu erkennen.

Sich in die Kraft der Symbole einfühlen

Dieses Buch zeigt konkrete Wege auf, wie man/frau sich in die Kraft der Symbole einfühlen und so dem eigenen Leben neue Impulse geben kann: Alte seelische Verletzungen können so heilen, die kreative Lebendigkeit wächst, mehr Liebe und Erfolg bestimmen den persönlichen ebenso wie den beruflichen Lebensweg.

Jahrtausende alte Symbole entfalten ihre psychisch nährende Kraft in unserem modernen Alltag. Das Eintauchen in innere Wohlfühlbilder stärkt die heilende Kraft der Seele: Kreativität und Ausgeglichenheit werden möglich, die Quellen inneren Wachstums öffnen sich.

Viele der hier dargestellten Symbole wurzeln in den alten Mythen der Völker. Ihnen entsprechen die unterschiedlichsten symbolischen Kräfte und Konflikte in der menschlichen Seele. Symbole bieten Orientierungsmodelle an, die auch therapeutische Bedeutung haben können, für die, die sie erzählen, ebenso wie für die, die sie hören. Sigmund Freud fand wichtige Konfliktmodelle in der griechischen Mythologie dargestellt. Märchentherapie ist heute eine erfolgreiche und weit verbreitete psychotherapeutische Methode. Die Märchen sind voll von archetypischen Symbolen, von Bildern also, die aus dem kollektiven

Unbewussten stammen und in ihrem Inhalt uns allen gemeinsam verfügbar sind. Schneewittchen zum Beispiel ist ein Archetyp von der „schlafenden Schönen". Oder das Märchen vom Hans im Glück – in ihm spiegelt sich eine emotionale Grundeinstellung gegenüber dem Festhalten und Loslassen von materiellen Gütern wieder.

Die kraftvollsten Symbole aus allen Teilen der Welt

Dieses Buch stellt die kraftvollsten Symbole aus allen Teilen der Welt vor und erklärt ihre tiefenpsychologische Wirkung. Dabei erhebt es nicht den Anspruch, ein vollständiges Lexikon zu sein. Vielmehr bietet es seinen Leserinnen und Lesern eine Auswahl an Symbolen an, die sich im Laufe ihrer langen Lebensgeschichte als besonders reich an Kraft erwiesen haben. Praktische Beispiele und einfache Tipps helfen, die persönlich geeignetsten Symbole herauszufinden und sie als Wegbegleiter zu nutzen. Denn der aktive, möglichst spielerische Umgang mit ihnen bewirkt am meisten.

Die hier angebotenen Symboldeutungen orientieren sich in erster Linie an den Erfahrungen der modernen Psychologie, vor allem an den Erkenntnissen C. G. Jungs. Ähnlich wie die Schamanen, so ist auch er durch alle Himmel und Höllen gefahren, ehe er sein Lebenswerk auf den Ergebnissen seiner „Fantasiereisen" aufbauen konnte. Von daher sind diese Deutungen keineswegs akademisch blass, auch nicht einseitig esoterisch, sondern prall voll Leben. Das Wissen um die Symbole und um die mythischen Formen und Gestalten geht, ähnlich wie die Volksmärchen, weit mehr auf den Brauchtums- und Überlieferungsschatz des einfachen Volkes zurück; aber ebenso auch auf lange geheim gehaltene Überlieferungen nomadischer Völker, Mystiker und Visionäre, auf alte Erzählungen, Mysterienspiele und kultische Bräuche. In ihnen steckt eben weit mehr als Aberglaube. Die Brüder Grimm und auch der Ire James Joice wussten, warum sie liebevoll und behutsam dieses alte Wissen aufzeichneten und so verhinderten, dass es in Vergessenheit geriet. Denn was an mündlich Überliefertem erst einmal vergessen ist, bleibt meist endgültig verloren.

Nach C. G. Jung ist ein Bild nur dann (noch) ein Symbol, wenn in ihm mehr mitschwingt als seine bloße offensichtliche und unmittelbare Bedeutung: Das Symbol besitzt einen weitergehenden „unbewussten" Aspekt, der sich niemals endgültig genau definieren oder erklären lässt. Um dem verborgenen Sinn eines Symbols näher zu kommen, muss es tiefer erfahren werden. Jung: „Wenn die Seele das Symbol erforscht, wird sie zu Vorstellungen geführt, die jenseits des Zugriffs des Verstandes liegen."

Die Arbeit mit Symbolen entwickelte sich durch C. G. Jung zur grundlegenden Methode in der Psychotherapie. Im persönlichen Wachstumsprozess, in dem jeder Mensch werden soll, „was er ist", sind Symbole wichtige Wegmarkierungen. Denn sie verdichten Emotionen und machen sie fassbar. Symbole begegnen uns in Träumen, in Fantasien, in Kunstwerken und in Märchen und Mythen. Aus dem Schatz der uralten, in uns weiterlebenden Bilder können wir jederzeit schöpfen. Gewinnt ein Symbol Bedeutung für unser Leben, so beginnen wir, unser Leben auf dieses Symbol hin zu beziehen. Wenn, so die Psychonalytikerin Verena Kast, auf diese Weise persönliche Schwierigkeiten mit symbolischen Prozessen in Zusammenhang gebracht werden, „wird in der Regel eine große Betroffenheit erlebbar." Hoffnung bricht auf. „Wandlung wird als möglich erachtet oder wird erlebt." C. G. Jung spricht davon, dass das Unbewusste ausgleichend wirke und „hilfreiche Kräfte, die in der tieferen Natur des Menschen schlummern, erwachen und eingreifen." In der Arbeit mit Symbolen wirkt eine eigene, äußerst heilsame Kraft.

Hinter die Alltagsdinge schauen

Dieses Buch will helfen, hinter die Alltagsdinge zu schauen, Reisen in andere psychische Räume und Wirklichkeiten zu unternehmen und die Welten des Unbewussten näher zu erforschen. Symbole zeigen uns, was war und was sein wird. Sie entführen uns auf andere Ebenen des Bewusstseins. Reiseführer sind die alten orientalischen Märchenerzähler ebenso wie unsere Vorfahren, die sich am abendlichen Herdfeuer an den langen Winterabenden Märchen erzählten. Märchen sind die Träume der Völker. Sie führen uns in Länder der Fantasie und der Vision. Wer auf dem Teppich der Erzählungen mitfliegt, ohne Drogen und andere Hilfen, kehrt allemal reich beschenkt zurück in den Alltag. Da ist kein Abdriften aus der Realität zu befürchten. Im Gegenteil: Wer sich in der Welt der Träume, Märchen und Symbole zurechtfindet, trifft seine Entscheidungen im Alltag sicherer, weil er sie nicht allein auf seinen Verstand stützt, sondern die tiefer liegenden Möglichkeiten der Intuition auszuschöpfen versteht.

Die Gefahr der Verführbarkeit durch Symbole

Ist der Umgang mit Symbolen nicht gefährlich? So fragen manche Menschen und weisen auf die Verführung durch Symbole während der Zeit der Naziherrschaft hin. In der Tat: Hakenkreuz, Fahne, Führer, Blut und Boden sind missbrauchte Symbole. Doch selbst in diesem gigantomanischen Missbrauch zeigte sich noch immer, welche gewaltige Kraft in Symbolen steckt. Die Möglichkeit eines Missbrauchs dieser Kraft allein kann kein Grund sein, auf eine Nutzung der positiven Wirkung der Symbole zu verzichten. Wir verzichten ja auch nicht gleich auf den Gebrauch unserer Sprache, nur weil durch sie Verführung und Missbrauch möglich sind und tatsächlich geschehen. Unsere Verantwortung liegt gerade darin, solche Symbole auszuwählen, die uns Kraft geben und unser inneres Wachstum fördern, ohne uns zu manipulieren, wie das beispielsweise durch die Werbung allzu leicht geschieht.

Jede Symboldeutung hängt von der Person des Deutenden ab

Jedes Deuten von Symbolen ist eng mit der Person des Deutenden verbunden. Auf seinen/ihren sozialen, geografischen und kulturellen Hintergrund kommt es ebenso an wie auf seinen/ihren aktuellen Bewusstseinsstand. Und natürlich ist immer auch die Absicht der Deutenden wichtig: Suchen Sie mit Hilfe der Symbole die Lösung für ein konkretes Problem? Möchten Sie mehr Kraft spüren? Oder möchten Sie kreatives Denken und Handeln in Ihr Leben hineinlassen, um nicht in der Alltags-Routine zum Roboter zu erstarren?

Das Schöpfen aus dem Brunnen der Mythen und Symbole scheint es zu sein, das uns befähigt, uns selbst und unsere Welt immer wieder neu zu sehen und sie zu begreifen, zu bestaunen und zu verwandeln.

Symbolische Handlungen und ihre Wirkung

Zwei Beispiele zeigen, wie unterschiedlich die Rolle sein kann, die Symbole in unserem Leben spielen.

Erstes Beispiel: Der Spruch des unbekannten Sprayers

Die Beziehung eines Paares, das schon mehr als 12 Jahre zusammenlebt, steckt in einer Krise. Beide Partner erwägen ernsthaft, sich zu trennen. Als letzten Versuch, sich auszusprechen und vielleicht doch noch eine neue Grundlage für ihre Beziehung zu finden, buchen sie einen Kurzurlaub am Meer. Am Urlaubsort angekommen liest der Mann an der Wand eines alten Hauses den mit schwarzer Farbe gesprühten Satz: „Kerstin, es ist aus!“ Kerstin ist der Name seiner Frau. Der Mann betrachtet diesen Spruch als schlechtes Zeichen für den geplanten Versuch, seine Beziehung neu zu beleben. Tatsächlich entwickelt sich der Kurzurlaub zu einem Misserfolg. Dauerregen verhindert gemeinsame Unternehmungen. Die Gespräche zwischen beiden wollen nicht recht gelingen. Am Ende brechen sie den Urlaub vorzeitig ab.

Die Beziehung endete einige Zeit später. Beide Partner hatten angesichts der anstehenden Schwierigkeiten resigniert. So konnte der Satz des unbekannten Sprayers an jener Hauswand im Urlaubsort wie eine sich selbst erfüllende Prophezeiung wirken.

Zweites Beispiel: Der Ehering im Schornstein

Eine Familie mit zwei Kindern baut ein Haus. Der Ehemann ist handwerklich sehr geschickt und beteiligt sich daher selbst an den Maurerarbeiten. Seinen Ehering legt er während der Maurerarbeit ab, weil er ihn behindert. Versehentlich mauert er dabei den Ring in den Schornstein ein.

Seiner Frau erzählt er zunächst nichts von diesem Vorfall. Er überlegt, ob er sich einen neuen Ehering kaufen soll und geht den verschiedenen Deutungsmöglichkeiten seiner symbolischen Handlung nach. Dabei kommt er zu folgenden Lösungen: „Ich kann meine Ehe in den Schornstein schreiben." Oder: „Ich habe meine Ehe unwiderruflich fest mit diesem Haus verbunden und werde hier mein Leben lang wohnen bleiben." Oder: „Ich möchte nicht mehr verheiratet sein. Deshalb habe ich den Ring so gründlich verlegt, dass ich ihn niemals mehr wiederfinden kann."

Sich für eine dieser Deutungen zu entscheiden, fällt ihm schwer. Auch der Kauf eines Ersatzringes scheint ihm keine angemessene Lösung mehr zu sein. Schließlich spricht er mit seiner Frau über die Sache. Sie können sich auf keine der in Frage kommenden Deutungen fest einigen, kommen aber zu dem Ergebnis, dass ihre Partnerschaft in einer Krise steckt, weil die Berufstätigkeit beider Partner, der Hausbau und die Erziehung der Kinder so viel Zeit und Kraft beanspruchen, dass ihre Ehe „an innerer Auszehrung" leidet. Da sich beide im Grunde gut verstehen, beschließen sie, das Problem im Blick zu behalten und daran zu arbeiten. In den Jahren darauf unternehmen sie zusammen wieder mehr Urlaubsreisen und pflegen gemeinsame Interessen.

Was diese beiden Beispiele noch sagen? Zunächst einmal, dass es sich bei einem Symbol um einen ganz alltäglichen Gegenstand handelt, den wir mit unseren Sinnen wahrnehmen können. Aber hinter diesem konkreten Gegenstand steckt immer noch eine zusätzliche Bedeutung, etwas Hintergründiges. Diesen Bedeutungsüberschuss können wir bei der ersten Begegnung mit dem Symbol selten ausschöpfen. Trotzdem sind der Gegenstand und die Bedeutung, die er in sich trägt, nicht voneinander zu trennen. Ein Ring ist zwar ein alltäglicher Gegenstand. Aber zugleich ist ein Sinn mit ihm verbunden, der immer in dem Gegenstand mitschwingt, im zweiten Beispiel also die Beziehung zwischen beiden Ehepartnern. Im ersten Beispiel erhält der Satz des unbekannten Sprayers im Urlaubsort die Kraft eines Orakelspruchs, der über das Schicksal einer Beziehung entscheidet.

Zu den Anliegen der Tiefenpsychologie gehört es seit ihren Anfängen, die alltägliche Wirklichkeit, in der wir immer wieder Symbolen begegnen, auf ihre Bedeutung zu befragen. So gesehen sind Symbole, die uns begegnen, niemals Zufälle, sondern eher Hinweise auf ein Geschehen, das hinter der Alltagssituation steht und unser Leben beeinflusst.

Was sind „Bilder der Kraft“ oder „Kraftsymbole“?

Das Wort „Symbol“ stammt aus dem Griechischen. Dort bedeutet „sýmbolon“ ein Erkennungszeichen. Im alten Griechenland gab es eine Sitte: Wenn zwei Freunde sich für längere Zeit trennen mussten, so zerbrachen sie eine Münze, ein Tontäfelchen oder einen Ring. Kehrte nun der eine Freund oder ein naher Angehöriger manchmal nach jahrelanger, oft durch Krieg bedingter Abwesenheit zurück, so zeigte er seine Hälfte dieses Erkennungszeichens vor. Passte sie zu der anderen Hälfte, so hatte er sich als Freund zu erkennen gegeben. Man gewährte ihm Gastfreundschaft und Vertrauen. Symbállein bedeutet so viel wie zusammenwerfen, zusammenfügen. Dieses Motiv des Zusammenpassens zweier Hälften spielte später in vielen Romanen eine Schlüsselrolle als Erkennungszeichen und als Ausdruck der Treue zwischen Liebenden, die das Schicksal nach langer Trennung wieder zusammenführte. Auf eine griffige Kurzformel gebracht: Symbole sind immer sichtbare Zeichen für eine hinter ihnen stehende unsichtbare innere Wirklichkeit.

Sich einlassen auf Symbole

Wenn wir Symbole deuten, suchen wir die unsichtbare Wirklichkeit hinter dem sichtbaren Gegenstand. Dabei ist typisch für das Symbol, dass wir seine Bedeutung in den allermeisten Fällen niemals ganz ausschöpfen können. Ähnlich wie bei einem guten Gedicht steht hinter jeder Deutung, die wir erfasst haben, noch eine weitere Bedeutung. Gerade in diesem unausschöpfbaren Rest liegt wahrscheinlich der Reiz, bestimmten Symbolen immer wieder zu begegnen, sich immer aufs Neue mit ihnen auseinander zu setzen.

Man kann sich in ein Symbol hineinversetzen, zum Beispiel in einen Spiegel. Eine Teilnehmerin an einem Kurs, in dem es um die Arbeit mit Symbolen ging, versetzte sich in einen fleckigen Spiegel, den sie auf einem Flohmarkt gekauft hatte. Der Spiegel erzählte, dass ihn seine Besitzerin erworben hatte, obwohl er wegen der vielen blinden Flecke als Spiegel absolut unbrauchbar gewesen sei. Im Verlauf ihrer Schilderung, wieviel Pflege und Sorgfalt sie hatte aufwenden müssen, um sich in ihm wieder spiegeln zu können, wurde ihr deutlich, dass sie über einen Selbstheilungsprozess berichtete. Sie hatte keine klare Spiegelung durch ihre Familie erhalten, erlebte sich mit vielen „blinden Flecken“ und musste große Mühe aufwenden, um sich klar sehen zu lernen.[1]

Der Psychoanalytiker und Philosoph Erich Fromm[2] beschreibt die Symbolsprache als eine Sprache, in der innere Erfahrungen, Gefühle und Gedanken so ausgedrückt werden können, als ob es sich um sinnliche Wahrnehmungen, um Ereignisse in der Außenwelt handelte. Es ist eine Sprache, die eine andere Logik hat als unsere Alltagssprache, die wir tagsüber sprechen, eine Logik, in der nicht Zeit und Raum die dominierenden Kategorien sind, sondern sie ist voll Emotionen und Assoziationen. Mit ihrer Hilfe fällt es den Menschen leichter, konventionell bedingte Schranken zu überwinden und längst verschüttete Erlebnisse aus dem emotionalen Bereich wieder in ihr Bewusstsein zu

---

[1] Wollschläger 1998
[2] Fromm 1996

rufen. Diese Form des Umgangs mit Symbolen bietet zugleich einen möglichen Zugang zum Unbewussten.

C. G. Jung[3] grenzt den Symbolbegriff so ein: „Das, was wir Symbol nennen, ist ein Ausdruck, ein Name oder auch ein Bild, das uns im täglichen Leben vertraut sein kann, das aber zusätzlich zu seinem konventionellen Sinn noch besondere Nebenbedeutungen hat." Fromm (1996) erweitert diese Symboldefinition noch um die Emotionen. Er bezeichnet ein Symbol als etwas, das „stellvertretend für etwas anderes" steht, „das eine innere Erfahrung, ein Gefühl oder ein Gedanke ist. Ein Symbol dieser Art ist etwas außerhalb von uns selbst; was es symbolisiert, ist etwas in uns." Die Symbolisierung ist nach Fromm der Prozess, in dem wir Erlebnisse und Erinnerungen durch Dinge der realen Außenwelt so zum Ausdruck bringen, „als ob es sich um Sinneswahrnehmungen handelte."

Offensichtlich lassen sich durch Symbole Emotionen und die mit ihnen verbundenen Assoziationen in einer Weise auslösen, wie dies mit der Wortsprache allein nicht möglich ist.

Begegnungen mit Symbolen: Beispiele

Wie eine Begegnung mit einem Symbol verlaufen kann, schildert auf eindrucksvolle Weise Marcel Proust in seinem Buch „Auf der Suche nach der verlorenen Zeit": Dem Erzähler wird von seiner Mutter bei kaltem Wetter eine Tasse Tee mit einem Gebäckstück angeboten. Und plötzlich beim ersten Schluck durchströmt ihn ein unbegreifliches Glücksgefühl. Mehr nicht. Er versucht mit einem zweiten und dritten Schluck dieses Gefühl festzuhalten, aber das gelingt ihm nicht. Und es ist auch offenbar nicht das Gebäckstück allein, solches hat er oft im Bäckerladen liegen sehen, sondern der Geschmack verbunden mit dem Tee. Und dann ist auf einmal, ohne dass er sich anstrengen musste, die ganze Erinnerung an seine Kindheit wieder da, die ihm zuvor versperrt blieb: Der Sonntagmorgen, an dem er solches Gebäck in Tee

[3] Jung 1979

getaucht genießen durfte, die Wohnung, die Straße, ja die ganze Kindheit erschließt sich jetzt in dieser „symbolischen“ Begegnung. Die Erinnerung war an den Geschmack zweier verschiedener Dinge gebunden. Das Ansehen des Gebäcks oder von Tee allein hatte die Gefühle nicht frei setzen können.

Einen ähnlichen Vorgang beschreibt C. G. Jung[4] in der Episode, „in der ein Professor mit einem seiner Studenten, in ernsthafte Unterhaltung vertieft, einen Spaziergang machte. Plötzlich wurden seine Gedanken durch einen unerwarteten Strom von Kindheitserinnerungen unterbrochen. Er konnte sich diese Ablenkung nicht erklären. Nichts von dem, was er gerade gesagt hatte, schien zu diesen Erinnerungen in irgendeiner Beziehung zu stehen. Als er sich umblickte, sah er, dass er an einem Bauernhof vorbeigegangen war, als ihm diese Erinnerungen gekommen waren. Er schlug dem Studenten vor, gemeinsam zu dieser Stelle zurückzugehen, wo die Phantasien begonnen hatten. Als sie dort waren, stieg ihm der Geruch von Gänsen in die Nase, und sofort war ihm klar, dass dieser Geruch seine Erinnerungen aufgestöbert hatte.“

Jeder Alltagsgegenstand kann ein Symbol sein

Jeder Gegenstand, der uns umgibt, alles und jedes kann zum Symbol werden, wenn es von einem Menschen mit Emotionen besetzt wird. Das zeigt das bereits geschilderte Beispiel des „Spiegels vom Flohmarkt“. Ein reich blühender Rosenstrauch kann zum Symbol einer Beziehung werden, die durch blühende Seiten, aber auch durch eine Fülle verletzender Stacheln gekennzeichnet ist. Eine Leiter wird zum Sinnbild für das eigene Leistungsstreben, „immer höher hinauf zu wollen“. Ein Baum im Garten wird zum Symbol für die eigene Lebenskraft.

Erich Fromm[5] unterscheidet zwischen „universellen“ und „zufälligen“ Symbolen. Universelle Symbole sind solche, die allen Menschen

---

[4] ebd.
[5] Fromm 1996

gemeinsam sind, weil sie in ihrer Entwicklung gleiche Erfahrungen gemacht haben und diese Erfahrungen und Gefühle mit gleichen Bildern verknüpfen. „Zufällige“ Symbole sind in einem persönlichen Erlebnis eines Menschen entstanden. Sie werden von anderen Menschen nicht in gleicher Weise verstanden.

Symbole als Lebensbegleiter

So kommt es, dass uns bestimmte Symbole durch das ganze Leben hindurch begleiten. Bei anderen wieder spüren wir, dass sie irgendwann ihre Bedeutung für uns verlieren. Wieder andere, neue treten an ihre Stelle, so wie es bestimmte Gedichte oder Lieblingsmärchen gibt, die uns oft über weite Strecken unseres Lebens begleiten, bis wir irgendwann das Gefühl haben, dass ihr Thema für uns nun erledigt ist. Ein neues Thema steht an und wartet darauf, dass wir uns mit ihm auseinander setzen.

Symbole sind mehr als nur Zeichen

Zeichen sind klare Abmachungen. Sie sind durch Erklärungen in ihrer Bedeutung bestimmt und eindeutig umrissen. Zeichen haben keinen hinter ihnen stehenden Bedeutungsüberschuss. Sie sind Stellvertreter und ohne Kenntnis der jeweiligen Landessprache verständlich. So bedeutet zum Beispiel das Bild-Zeichen des mit einer Gabel überkreuzt abgebildeten Messers den für jeden verständlichen Hinweis auf ein Restaurant. Man könnte dieses Zeichen durch ein anderes ersetzen, durch einen gedeckten Tisch, eine Kochmütze oder Löffel und Teller. Symbole dagegen lassen sich nicht auf dem Wege der Vereinbarung verändern. Rot zum Beispiel ist nicht nur Farbe oder Warnzeichen, sondern Symbol für Leidenschaft, Leben, Liebe. Keinem Menschen würde es je gelingen, auf dem Weg über eine Vereinbarung der Farbe Schwarz diese Bedeutung zu geben.

Symbole in der Therapie

Sigmund Freud und C. G. Jung

Sigmund Freud und C. G. Jung erkannten, dass Symbole für die innere Entwicklung der Menschen von unschätzbarer Bedeutung sind. Das Wissen um die Symbole hilft, innere Erlebnisvorgänge besser zu durchschauen, seelische Verletzungen zu heilen, das Wachstum der Persönlichkeit anzuregen und immer wieder aufs Neue innere Ausgeglichenheit herzustellen. In unseren Träumen begegnen wir der heilenden Kraft der Symbole jede Nacht. Unsere Träume sprechen in Symbolen. Die moderne Forschung kann klar belegen: Träume entfalten ihre psychisch heilende Wirkung selbst dann, wenn wir auf die Bedeutung unserer Träume nicht achten. Doch weit stärker wirken sie begreiflicherweise, wenn wir uns mit ihrer Symbolsprache auseinander setzen, ihre Botschaft verstehen und sie in unserem Leben beachten.

Heilende Symbole sehen: Katathymes Bild-Erleben nach Leuner

Die heilende Wirkung der Symbole lässt sich therapeutisch nutzen. Im Katathymen Bild-Erleben nach Professor Hanscarl Leuner erleben die Klienten in tief entspanntem Zustand Wachträume, in denen sie sich auf der Symbolebene mit Konflikten ihres eigenen Lebens auseinander setzen.

Auf ihren Traumreisen begegnen sie Angst erregenden Gestalten, ganz gleich, ob es sich um Tiere oder Menschen handelt. Sie lernen dabei, vor ihrer Angst nicht wegzulaufen, sondern hinzuschauen und Kontakt zu diesen Gestalten aufzunehmen, auch wenn es schwerfällt. Sie füttern diese Gestalten, streicheln sie oder sprechen mit Ihnen. Die Monster verlieren dabei meist schon bald ihre Bedrohlichkeit allein durch die Begegnung mit der eigenen Angst, die sich symbolhaft verkleidet darstellt.

Die inneren Bilder, die Menschen auf ihren Fantasiereisen erleben, unterscheiden sich nicht grundsätzlich von den Bildern, die wir in unseren nächtlichen Träumen sehen. Sicherlich: Manchmal spiegeln sich aktuelle Lebensprobleme darin wieder. Aber meist greift das Wachtraumerleben bis in frühe Zeiten zurück. Wir erleben Bilder, die unsere ganze Persönlichkeit mit starker Kraft anreichern. Oder aber: Beim Noch-Einmal-Erleben problematischer Szenen aus unserem Leben lösen sich alte Konflikte, die nicht spurlos an uns vorübergegangen sind. Wir können sie dann besser loslassen. Die in ihnen gebundene Energie wird frei und steht uns wieder voll zur Verfügung.

Zufälle als Symbole

Zufälle tragen oft eine symbolisch verschlüsselte Botschaft in sich. Sie sprechen die gleiche Symbolsprache wie unsere Träume. Und sie lassen sich ähnlich entschlüsseln. Ein Zufall ist nichts Sinnloses, sondern in ihm verbirgt sich fast immer eine Botschaft, die uns zufällt. Sie lässt sich entschlüsseln und sich als „Wink des Schicksals" begreifen.

Zufälle kommen „wie der Blitz aus heiterem Himmel" zu uns: unvorhersehbar, nicht planbar. Und wenn wir die Botschaft in ihnen verstehen, hinterlassen sie meist einen tiefen emotionalen Eindruck in uns. Manchmal verbirgt sich derber Humor im Zufall. Gelegentlich aber sind uns Zufälle unheimlich. Sie lösen Unbehagen aus.

Je mehr wir auf Zufälle achten, um so häufiger begegnen sie uns. Und meist treten sie in wichtigen Situationen des Übergangs in unserem Leben auf. Dabei kann es sich um einschneidende äußere Veränderungen, wie Ortswechsel, Berufswechsel, Geburt eines Kindes, Heirat, Tod, Trennung handeln, ebenso gut aber auch um innere Entwicklungen. Oft treten Zufälle auf, wenn eine Veränderung dringend ansteht, wir diese Notwendigkeit aber noch nicht sehen oder noch nicht sehen wollen.

Fast jeder kennt solche Zufälle, die ihm eine Botschaft mitteilten. Manchmal kommen sie in der Gestalt von Menschen daher, oft aber auch durch Briefe, Telefongespräche, durch die modernen Kommunikationsmedien oder unvorhergesehene Naturereignisse. Beispiele für sinnvolle Zufälle gibt es reichlich: Da ist eine alte Freundschaft auseinander gegangen – wie so oft, aus unwichtigem Grund. Und plötzlich hat die eine Freundin die andere am Telefon, weil sie in ihrem Telefonverzeichnis „zufällig“ in eine falsche Spalte geraten ist, denn sie wollte eigentlich jemand anderen anrufen. Auf diese Weise nehmen die Freundinnen den abgerissenen Gesprächsfaden wieder auf. Ihre Freundschaft kommt wieder in Gang.

Oder: Einer Frau wird während ihres Auslandsurlaubs ihr Auto aufgebrochen. Die Diebe stehlen ihr gesamtes Geld, alle Papiere und das Gepäck. Die Ironie dabei: Ausgerechnet das Buch „Sein oder Haben“ von Erich Fromm lassen sie unberührt im Auto liegen.

Oder: Jemand verpasst am 11. September 2001 in New York seinen Bus auf dem Weg zur Arbeitsstelle und entgeht so der Katastrophe durch den Einsturz der Zwillingstürme.

Einem jungen Mann, der Probleme hat, sich von seinen dominierenden Eltern zu lösen, geschehen plötzlich merkwürdige Dinge immer dann, wenn seine Eltern bei ihm zu Besuch sind: An einem Wochenende wird sein Fahrrad aus der Garage gestohlen. Ein anderes Mal wurde in das Haus eingebrochen, während er gerade mit seinen Eltern für ein paar Stunden ausgegangen war. Die Diebe stehlen nur Geld aus seinem Arbeitszimmer. Alles andere in der Wohnung bleibt unberührt. Wieder ein paar Monate später brach während des Besuchs seiner Eltern das Wasserrohr an der Wand seines Arbeitszimmers, in das er sich gern zurückzog.

Eine Frau möchte sich aus der Beziehung zu ihrem Freund lösen. Sie hat einen anderen Mann kennen gelernt, schwankt aber noch aus alter Anhänglichkeit, ob sie zu ihm ziehen soll. In dieser Situation fällt ihr beim Herausnehmen eines Buchs eine Buchstütze aus Stein aus ihrem Bücherregal und zerbricht. Ihr fällt ein, dass diese Buchstütze ein Geschenk ihres Freundes war, der mit ihrem Buchgeschmack nicht einverstanden war und sie deswegen oft kritisiert hatte.[6]

Ein verheirateter Mann hat sich heimlich mit einer Freundin verabredet. Als er zum verabredeten Treffpunkt fahren will, springt sein Auto nicht an.

---

[6] Mardorf 1997

Zwischen zwei alten Freunden herrscht intensive Spannung, weil unausgesprochene Probleme zwischen ihnen stehen. Während eines Gesprächs, bei dem beide um ihr eigentliches Problem herum reden, hören sie plötzlich irgendwo aus der Nachbarschaft einen lauten Knall, der die Fensterscheiben zittern lässt.

Die Zahl solcher Zufälle, die symbolisch eine Botschaft übermitteln, ließe sich lange fortsetzen. Entscheidend ist, was wir aus solchen Botschaften machen, ob wir sie in unser Leben eintreten lassen und versuchen, sie zu entschlüsseln, so wie wir einen Traum entschlüsseln, um seine Botschaft für unser Leben zu nutzen.

Wie können Symbole heilen?

Gedanken entfalten eine gewaltige Kraft. Wir sind das, was wir den ganzen Tag über denken. Wir können uns krank denken. Ebenso lässt sich durch die Kraft unserer eigenen Gedanken Heilung herbeiführen.

Solche Ansichten galten vor wenigen Jahren noch als Außenseitermeinung. Inzwischen erforscht die Wissenschaft ernsthaft die Zusammenhänge zwischen unserem Denken und seinem Einfluss auf den körperlichen Gesundheitszustand. Ärzte und Psychologen wie Larry Dossey und Jeanne Achterberg untersuchen ganz offen die Kraft, die Gebet und Glauben auf die Heilung kranker Menschen ausüben. Die Visualisierung innerer Bilder ist offensichtlich im Stande, die Heilung selbst ernsthafter Krankheiten wie Krebs zu fördern. Den Placebo-Effekt, den Glauben des Patienten an die Wirksamkeit einer Behandlung, belächelten Experten früher allenfalls milde. Inzwischen hat sich dieses Thema zu einem eigenen anerkannten Forschungsbereich entwickelt.

Symbole verstärken die Kraft unserer Gedanken auf geradezu geniale Weise. Sie sind wie Leitbahnen, auf denen die Gedanken ihren Weg finden. Symbole geben unseren Gedanken Ankerpunkte, an denen sie sich festhalten können, damit sie im Alltagsgewühl der Reizüberflutung nicht untergehen.

Die Psychologin Jeanne Achterberg, durch ihre erfolgreiche alternative Heilarbeit mit Krebskranken in amerikanischen Krankenhäusern weit über die Grenzen ihres Landes hinaus bekannt, erzählt das Beispiel des folgenden offensichtlich erfolgreichen Heilungsrituals, das zeigt, welche heilende Kraft die eigenen Gedanken entfalten. Eine unter äußerst heftigen Allergien leidende Patientin heilte sich selbst allein dadurch, dass sie ihr bisheriges Denken änderte. Sie arbeitet dabei auf der Symbolebene, indem sie Feindbilder in der Kommunikation mit Pflanzen und mit ihrem Körper abbaut und sie durch Vorstellungen von friedlicher Koexistenz ersetzt.

Beispiel: Sie sprach mit den Pflanzen

Maxine reagierte extrem allergisch auf eine Pflanze, die in ihrer Heimat in Kalifornien überall auf den Wiesen wächst – den Giftsumach. Sie brauchte nicht einmal direkt mit dieser Pflanze in Berührung zu kommen. Selbst wenn sie einen Hund streichelte, der zuvor über die Wiese gelaufen war, setzten bei ihr heftige allergische Reaktionen ein. Schließlich entwickelten sich ihre Reaktionen so schlimm, dass Haut und Schleimhäute am ganzen Körper ständig entzündet waren und Blasen bildeten. Nichts half dagegen. Sogar Kortison brachte kaum noch Linderung.

Als ihr Leiden fast ausweglos zu sein schien, erfand Maxine ein eigenes Heilungsritual. Im Winter trat sie mit den Pflanzen in direkten, kommunikativen Kontakt. Sie setzte sich auf die Wiese und sprach zu den Pflanzen: „Ihr seid viele Jahre lang meine Feinde gewesen. Aber jetzt müssen wir Frieden miteinander schließen. Ich kann nicht mehr in meinem Garten arbeiten. Ich kann hier nicht mehr leben, wenn sich ein Jahr wie das vergangene wiederholt.

Ich weiß, es ist nicht euere Schuld allein, dass mein Körper immer empfindlicher auf euere Öle reagiert. Deshalb trage ich euch auch nichts nach. Aber jetzt muss sich wirklich etwas ändern. Ich habe die Existenz aller Lebewesen in dieser Gegend geachtet. Jetzt möchte ich, dass ihr meine achtet."

Maxine sprach auch mit ihrem Körper. Sie bat ihn, die Öle nicht eindringen zu lassen. Ihrem Immunsystem schlug sie vor, sich mit dem Giftsumach anzufreunden, damit es nicht bei jedem Kontakt im-

mer wieder so aufgeregt reagieren müsse. Sie versprach auch, dass sie jeden Tag an die neue Freundschaft denken werde.

Ihr Ritual wirkte auf erstaunliche Weise: Im nächsten Sommer hatte sie kaum noch Probleme mit dem Giftsumach.

Ein weiteres Beispiel zeigt, wie wirksam Symbole sein können, selbst wenn solche Heilungen scheinbar völlig in Widerspruch zu den uns bekannten naturwissenschaftlichen Gesetzen stehen.

Beispiel: Wunderheiler erfüllt Kinderwunsch

Die Eheleute K. wünschten sich seit Beginn ihrer Ehe vor fünf Jahren Kinder. Als sich keinerlei Zeichen von Schwangerschaft einstellten, begann der übliche Weg zu den Gynäkologen. Deren Diagnose lautete: chronisch verklebte Eileiter. Frau K. würde kaum jemals Kinder bekommen können.

Da ihnen die Schulmediziner keinerlei Hilfe in Aussicht stellen konnten, gingen die Eheleute K. in ihrer Verzweiflung zu einem Geistheiler. Er war ihnen von Bekannten empfohlen worden.

Knapp elf Monate später war Frau K. schwanger. Sie ist fest überzeugt, dass der Geistheiler ihr geholfen hat.

Was war geschehen? Der Heiler hatte den Eheleuten ein Fläschchen mit einer durchsichtigen Flüssigkeit gegeben, versiegelt, mit Namen beschriftet, überreicht durch ein feierliches Ritual von Segnungen und Gebeten. Zusätzlich erhielt die Ehefrau die Anweisung, jeden Abend – ganz gleich ob sie miteinander schlafen wollten oder nicht – die Eichel am Glied ihres Mannes mit der Flüssigkeit abzutupfen. Der Mann sollte allabendlich ein wenig von der Flüssigkeit auf seine Hand träufeln und dann die Scheide seiner Frau mit der Flüssigkeit einreiben.

Der Erfolg: Die chronische Eileiterentzündung der Frau heilte ab. Frau K. wurde schwanger.

Würde man Experten der unterschiedlichsten Fachrichtungen befragen, so kämen die unterschiedlichsten Erklärungsversuche zusammen: Ein Chemiker käme womöglich zu dem Ergebnis, dass die Flüssigkeit nur aus Wasser besteht. Die Gynäkologen würden von autosuggestivem Glauben mit psychologischer Rückwirkung und hohem Zufallsfaktor sprechen. Und Psychologen kämen zu dem Ergebnis, die ausdrücklich angeordneten Manipulationen im Genitalbereich hätten bei den körperfeindlich eingestellten Eheleuten ein Tabu aufgebrochen und auf diese Weise Lustempfindungen und Fruchtbarkeit gefördert.[7]

Was half wirklich? War es der Glaube? Wirkte das Fläschchen mit der Flüssigkeit als Heilungssymbol? Oder war es die Kraft der Rituale eines mit heilerischen Fähigkeiten ausgestatteten Menschen, welche dem Wunsch der Eheleute nach einem Kind zum Durchbruch verhalf? Sichere Beweise gibt es nicht. Wir bleiben auf Vermutungen angewiesen.

Beispiel: Das Verschwinden einer Warze

Mein Vater hat mir oft die Geschichte seiner Begegnung mit einer alten Kräuterfrau aus dem Nachbardorf erzählt, die als Heilerin galt. Ich war damals noch ein Kind und habe die Frau nur ein- oder zweimal gesehen. Für mich entsprach sie exakt dem Bild einer Hexe aus dem Märchenbuch.

Mein Vater war von Beruf Rechtsanwalt und Notar. Er stand mit beiden Beinen auf der Erde und glaubte nur an das, was beweisbar war – jedenfalls nicht an Magie. Doch die Warze an seiner Hand widerstand allen Heilkünsten der Ärzte. Monate lang hatte er sie mit Salben und Tinkturen eingeschmiert – ohne den geringsten Erfolg zu erzielen. Bis ihm meine Großeltern die Kräuterfrau aus dem Nachbardorf empfahlen. Mein Vater ging zu ihr. Sie habe mit den Fingern über die Warze gestrichen, berichtete er, und dabei unverständliches Zeug gemurmelt. Weiter nichts. Er hatte das Ganze bald vergessen, da er an einen Erfolg ohnehin nicht glaubte. Doch Wochen später stellte er überrascht fest, dass die Warze an seiner Hand verschwunden war. Kein Rest. Keine Narbe. Nichts war geblieben.

---

[7] Nach Herriger 1993, 35 f.

Sicher gibt es dramatischere Heilungen als ausgerechnet die Befreiung von einer Warze. Doch meinen Vater muss sie tief beeindruckt haben, sonst hätte er nicht immer wieder davon erzählt; vielleicht weil sie sein Weltbild ins Wanken brachte. Und für mich als Kind muss seine Erzählung vom Verlust der Warze eine Bestätigung dafür gewesen sein, dass die Magie der Märchenbilder und -symbole offenbar mehr ist als nur ein von Erwachsenenhirnen erdachtes Konstrukt.

Selbstheilung mit Symbolen
Woher stammt die Kraft der Symbole?

Die archetypische Kraft des Kollektiven Unbewussten

Nach den Erkenntnissen der modernen Tiefenpsychologie gibt es in jedem Menschen, ganz gleich in welcher Kultur er aufwächst, einen allgemein vorhandenen Vorrat an Symbolmotiven. Dieser Vorrat ist nach C. G. Jung in dem allen Menschen gemeinsamen kollektiven Unbewussten angelegt. Wir brauchen nur aus diesem Brunnen zu schöpfen. Nachts, in unseren Träumen, geschieht dies scheinbar wie von selbst. Aber der Zugang zu der Kraft der Symbole steht unserem Bewusstsein jederzeit auch in der Tageswirklichkeit offen.

Die morphogenetischen Felder nach Rupert Sheldrake

Ein weiteres Erklärungsmodell für das Vorhandensein eines allen Menschen gemeinsamen Vorrats an Ursymbolen könnte die Lehre des bekannten britischen Biologen Rupert Sheldrake bieten. Sie ist zwar umstritten, wie fast alles, was das herkömmliche Weltbild auf den Kopf stellt. Aber inzwischen diskutiert man sie immerhin schon an etlichen Universitäten. Sheldrake geht davon aus, dass alles, was die Menschen irgendwann einmal im Laufe ihrer langen Entwicklungsgeschichte gedacht oder gefühlt haben, seine Spuren in Form von Schwingungsfeldern hinterlässt. Er nennt diese Spuren morphogenetische Felder. Rupert Sheldrake belegt diese Theorie in seinen Büchern mit faszinierenden Beispielen, vom Vogelflug der Brieftauben bis hin zu der Tatsache, dass Menschen fremdsprachige Gebete, deren Sinn sie nicht verstehen, schneller lernen als künstlich zusammengebastelte Silben ohne Sinn. Auch die Beobachtungen des japanischen Forschers Masaru Emoto, dass menschliche Gedanken die Struktur von Wasserkristallen verändern können, lassen sich mit der Lehre von den morphogenetischen Feldern gut erklären. Jeder unserer Gedanken bewirkt etwas in der Welt. Und jeder Gedanke, jede Emotion, hinterlässt Spuren in dieser Welt. Warum sollte dann mit Hilfe von Symbolen und unserer Gedankenkraft nicht etwas gelingen, was die Schamanen der Naturvölker seit Jahrtausenden schaffen: sich nämlich in Schwingungsfelder anderer Menschen und Zeiten einzuklinken und dort ordnend und heilend zu wirken?

Aufladen von Symbolen durch Gebete, Rituale, Gesänge und durch Erzählen

Doch auch die in unserem kollektiven Unbewussten gespeicherten Symbole sind nicht für alle Zeiten unveränderbar, sondern manchmal verändert sich ihre Bedeutung im Laufe von Jahrtausenden. In jedem Symbol ist die Kraft all der Rituale, Gebete, Gesänge gespeichert, die um dieses Symbol jemals stattgefunden haben. In jedem Symbol schwingt alle Trauer und Verzweiflung, alle Wut und alle Freude mit, die Menschen angesichts dieses Symbols je empfunden haben. Diese Gefühle stärken und nähren das Symbol. Gerät es in Vergessenheit, so tritt auch seine Kraft in den Hintergrund zurück. Sie verliert sich jedoch nicht vollständig, sondern lässt sich jederzeit wieder wachrufen, wenn die Menschen dieses Symbol aufs Neue in ihr Bewusstsein rücken.

Gruppen können die Kraft eines Symbols am stärksten beeinflussen. Aber auch ein einzelner Mensch entfaltet oft erstaunliche Kraft an und mit einem Symbol.

Um die Kraft eines Symbols voll ausschöpfen zu können, ist es hilfreich, seine Bedeutung zu kennen, mit der es im Laufe der Geschichte durch die Menschen genährt worden ist. Deshalb enthalten die im Teil 2 dieses Buchs wiedergegebenen Deutungen neben der tiefenpsychologischen Erklärung oft auch einen Überblick über die wichtigsten Rituale und Anbetungen, welche in den verschiedenen Kulturkreisen jeweils mit diesem Symbol verbunden waren. Wer sie kennt, kann die unterschiedlichen Schichten, aus denen ein Symbol seine spezielle Kraft entwickelt, besser verstehen und nutzen.

Symbole aus der Überlieferung

Die Symbole, von denen dieses Buch handelt, haben ihren Ursprung in den unterschiedlichsten Quellen. Da gibt es eine große Anzahl von Ursymbolen, die in vielen Kulturen der Menschheitsgeschichte in gleicher oder ähnlicher Form vorkommen. Sie gehören gewissermaßen zur Grundausstattung des Menschen an inneren Bildern. Viele Symbole haben ihre Wurzeln in der Kultur der alten Griechen, im Christentum oder in den asiatischen und indianischen Kulturen. Sie stammen aus den alten Mythen und kultischen Bräuchen der Völker ebenso wie aus dem Volksbrauchtum, den Märchen und Sagen, den Himmel- und Höllenfahrten der Schamanen, Visionäre und Mystiker. Und schließlich gibt es Symbole, die erst jetzt im modernen Alltag unserer Zeit entstehen wie neue Sterne im Weltall.

Was bewirken Symbole in uns?

Die Wirkung der Symbole ist unendlich vielfältig. Symbole können die innere Entwicklung der Menschen anstoßen, wo sie ins Stocken geraten ist. Sie können beruhigen, aber auch aufrütteln, Mut und Trost spenden. Sie können neue Räume in uns erschließen, Kreativität und inneres Wachstum anregen, alte Verletzungen der Seele und selbst körperliche Krankheiten heilen. Und Symbole können uns helfen, unseren persönlichen Lebensweg zu finden, was bekanntlich nicht immer zu den leichtesten Aufgaben gehört.

Vielfältige Erfahrungen und die im folgenden geschilderten Beispiele belegen dies.

Bildern für die Seele im eigenen Lebensumfeld begegnen

Tipps für die Auswahl der richtigen Bilder in der Wohnung, im Garten, in der Stadt und in der Natur

Die ganze Welt ist voll von Symbolen. Sie begegnen uns auf Schritt und Tritt überall in unserer Umgebung, in der Wohnung ebenso wie im Garten, in der Natur, in den Straßen und Geschäften unseres Wohnortes, im Urlaub wie im Alltag. Wichtig ist allein, sich für die Symbole zu öffnen, die uns ansprechen.

Hier sind ein paar Tipps, wie Sie herausfinden können, welche Symbole für Sie persönlich von Bedeutung sind:

- Gehen Sie mit wachen Sinnen durch Ihre Welt, durch Ihre Wohnung, durch Ihren Garten, durch die Stadt, in der Sie wohnen, durch Ihren Urlaubsort, am Meer entlang, oder auf Ihren Wanderungen durch die Natur. Öffnen Sie Ihre Augen und Ohren für das, was Ihnen begegnen will.

- Wählen Sie als Ihr persönliches Symbol möglichst solche Gegenstände, die Sie gefühlsmäßig besonders ansprechen, auch wenn Sie nicht sofort Klarheit darüber finden, was dieser Gegenstand Ihnen durch seine Symbolbedeutung mitteilen könnte.

- Nehmen Sie sich bei Ihrer Suche nach Ihrem persönlichen Kraftsymbol fest vor, dass Sie sich für dieses Symbol öffnen und dass es Ihnen auf Ihrem „Streifzug“ begegnen wird. Unterstützen Sie den Wunsch nach Begegnung mit Ihren Symbol durch zusätzliche Übungen (nähere Hinweise hierzu finden Sie im Kapitel *Kraft- und Schutzsymbole mit in den Schlaf hinein nehmen und sie im Schlaf empfangen* auf Seite 59).

Grundsätzlich ist jeder Gegenstand als Symbol geeignet. Es kommt allein auf die Beziehung an, die wir zu diesem Gegenstand entwickeln, ob er seine Symbolkraft für uns voll entfalten kann. Reale Gegenstände aus der Natur, aus einem Antiquitätenladen oder ähnlichen Geschäften eignen sich ebenso wie Bilder oder alte Fotos.

Manchmal sind es ganz alltägliche Gegenstände, die uns auf seltsame Weise ansprechen.

Beispiel: Die Wasserwaage in der Hobbywerkstatt

Ein etwa 40-jähriger Mann fühlte sich auf unerklärliche Weise durch eine alte Wasserwaage angesprochen, die er in seiner Hobbywerkstatt unter allerlei Werkzeug fand. Er legte die Waage an eine exponierte Stelle, wo sein Blick immer wieder darauf fiel, sooft er sich in seiner Werkstatt aufhielt. Irgendwann kamen ihm die Erinnerungen an seinen Vater, an gemeinsame Stunden in der Werkstatt und an die Freude und das Vertrauen, das sein Vater ihm entgegenbrachte, als er ihm damals kleinere Arbeiten selbständig überließ. Seit vielen Jahren hatte er nicht mehr an diese Zeit gedacht und wohl auch nicht denken wollen, weil sie Schmerz in ihm auslöste. Durch die Scheidung der Eltern war ihm sein Vater fremd geworden. Das Bild von ihm, das er über Jahrzehnte mit sich herumtrug, war das eines unerreichbaren Mannes, der kein Interesse an seinem Sohn hatte.

Bilder für die eigene Angst und die eigene Freude suchen

Persönliche Symbole der Kraft sollten menschliche Grunderfahrungen wie Freude, Glück, Mut und Aufbruchsstimmungen widerspiegeln können. Aber auch Gegenstände, die Traurigkeit, Verzweiflung und Angst in uns auslösen, können heilsam sein, wenn sie uns unerledigte Gefühle ins Bewusstsein holen und uns so die Möglichkeit zur Auseinandersetzung mit ihnen geben.

Sinnbilder für Aufbruchswillen, Lebendigkeit und Kraft sind für viele Menschen Darstellungen aus der Natur, wie zum Beispiel Wasserfälle, hohe Wellen, Feuer, Pferde im Galopp oder auch durchgehende Pferde, Wildwasser, Vulkane oder bestimmte Tiere wie Löwe, Panther und Tiger. Aber auch Bäume, ein Regenbogen, ein frisch gepflügtes Feld, Brücken und Häuser gelten für viele Menschen als Symbole der Hoffnung oder eines möglichen Neubeginns.

Bilder für persönliche Eigenschaften finden: Das mag ich an mir – das mag ich nicht an mir

Wählen Sie für Ihr Symbol Gegenstände, die zeigen, was Sie an sich selbst gut finden. Ihr Wunschsymbol sollte möglichst darstellen, wie Sie selbst sein möchten. Natürlich kann es auch solche Seiten von Ihnen charakterisieren, die Sie nicht an sich mögen, die Ihnen Probleme bereiten oder bereitet haben.

Beispiel: Die Frau, die wie ein Apfel sein möchte

Eine Teilnehmerin an einem Symbolseminar brachte von ihrer Symbolsuche einen Apfel mit. Sie erklärte, dass sie so wie dieser Apfel gern selbst sein möchte: strahlend gesund, innerlich rund wie die Erde, aus der dieser Apfel letztlich gewachsen ist.

In der Realität litt sie seit ihrer Kindheit unter Unsicherheitsgefühlen, Selbstzweifeln und dem Gefühl, nicht liebenswert zu sein.

Beispiel: Waldwachtelweizen finden

Ein anderer Teilnehmer brachte von seiner Symbolsuche einen Zweig mit gelb blühendem Waldwachtelweizen mit. Für ihn war Waldwachtelweizen ein Symbol für die Suche nach seinem Lebensweg, die ihn über Jahre seines Lebens viel Kraftaufwand gekostet hatte. Er hatte viele verschiedene Berufe ausgeübt und versucht herauszufinden, „wo sein Waldwachtelweizen wächst“. Der Waldwachtelweizen erinnere ihn, so erklärte er seine Wahl, an eine alte sprichwortähnliche

Redensart, die er nicht mehr genau im Gedächtnis habe. Aber darin sei die Rede davon, „wo mein Weizen blüht."

Beispiel: Das Haus des Großvaters

Eine etwa 30-jährige Frau fand bei ihrer Symbolsuche das Foto eines alten Fachwerkhauses. „In solch einem Haus wohnte mein Großvater. Das Bild passt gut zu ihm. Er hatte ein altes westfälisches Bauernhaus, groß und geräumig. Auf mich wirkte es hell und einladend. Als Kind war ich in den Sommerferien oft bei ihm. Abends erzählte er uns immer Geschichten. Mein Großvater kleidete sich einfach und zweckmäßig. Er war ein einfacher und großzügiger Mann, sehr lebensklug. Bei ihm spürte ich Wärme, die ich zu Hause vermisste. Meine Mutter war streng. Wir mussten immer sauber gekleidet sein und durften uns beim Spielen nicht schmutzig machen. Bei meinem Großvater war das alles erlaubt. Das hat mir zu Hause früher oft gefehlt. Ich versuche heute noch oft, etwas von der Wärme, die in seinem Haus vorhanden war, in mein Leben hineinzulassen."

Übung: Wichtige Symbole finden

Die hier beschriebene einfache Übung hilft Ihnen, die für Sie persönlich wichtigsten Symbole herauszufinden.

Schreiben Sie auf einen Zettel die Symbole, die Ihnen am meisten in Ihrem Leben bedeuten.

Falls Sie ein Tagebuch führen, tragen Sie diese Symbole in Ihr Tagebuch ein. So können Sie jederzeit später auf Ihre Aufzeichnungen zurückgreifen und feststellen, ob sich die Wahl Ihrer „Lebenssymbole" im Laufe der Zeit verändert oder gleich bleibt.

Nennen Sie bitte mindestens drei Symbole. Wenn Ihnen mehr einfallen, so ist das ebenfalls in Ordnung.

Schreiben Sie auch auf, was Ihnen diese Symbole bedeuten.

Beispiel: Der alte Leuchtturm auf der Nordseeinsel Wangerooge

Eine Frau aus meinem Bekanntenkreis nennt den alten Leuchtturm auf der Nordseeinsel Wangerooge als das für sie persönlich wichtigste Symbol. Sie fährt oft im Urlaub auf diese Insel. Der alte Leuchtturm, der mitten im Inseldorf steht, erscheint ihr als eine Art Vaterfigur, die über den Alltagsdingen steht und ihr Schutz und Orientierung gibt, damit sich ihr Lebensschiff nicht auf dem Meer verirrt. Der Leuchtturm ist für sie ein Symbol für die Gestalt des „großen Vaters", der zwischen Himmel und Erde steht und Gott nahe ist. Der Aufenthalt auf der Plattform des Leuchtturms hilft ihr, Abstand zu den Alltagsdingen zu gewinnen, einen Perspektivenwechsel vorzunehmen. Mit seiner Lichterkrone, die nachts im Dunkel leuchtet, und seiner Purpurfarbe Königsrot erinnert er sie an einen König, der sein Land regiert. Er stellt für sie einen engen Bezug zum Meer als besonderem Lebensraum her und markiert eine Grenze zwischen festem Standort und Bewegung durch Reisen und durch Veränderung in ihrem Leben.

Übung: Symbole für eigene Begabungen finden

Die folgende Übung bietet Ihnen die Möglichkeit, mit Hilfe selbst gefundener Kraftsymbole Ihre eigenen Begabungen zu stärken.

Die meisten Menschen in unserem Kulturraum versuchen, in ihrem Leben möglichst nicht aufzufallen. Sie stehen unter dem starken sozialen Druck, sich nur ja nicht von den anderen Mitgliedern der Gruppe abzuheben. Wir werden im allgemeinen nicht gerade dazu ermutigt, über unsere Begabungen nachzudenken oder sie offen zu benennen. Doch wir sind das, was wir über uns denken. Wenn wir unser Denken über uns begrenzen, engen wir uns selbst in unserer Entfaltung ein. Deshalb ist es an der Zeit, mit der folgenden Übung einmal über den eigenen Wert Klarheit zu gewinnen.

Schreiben Sie in Ihr Tagebuch oder auf ein Blatt Papier Ihre fünf wichtigsten Begabungen. Dabei kommt es nicht darauf an, dass Sie besonders hohe Maßstäbe an Ihre Begabungen anlegen. Am besten beurteilen und bewerten Sie überhaupt nicht, sondern bekennen sich einfach zu Ihrer Begabung. Überlegen Sie bei der Auswahl auch nicht zu lange. Nennen Sie einfach fünf Dinge, von denen Sie meinen, dass sie sie gut können. Wenn Ihnen mehr als fünf Begabungen einfallen, so schreiben Sie alle auf.

Schreiben Sie nun zu jeder Ihrer Begabungen den Grund auf, warum sie das, was Sie benannt haben, nach Ihrer Meinung gut können, zum Beispiel: Ich kann gut zuhören, weil ich mich für Menschen interessiere. Oder: Ich fotografiere gern, weil es mir gelingt, auf diese Weise Dinge auszudrücken, die ich gesehen habe und die mir wichtig sind.

Geben Sie jeder Ihrer Begabungen einen Namen. Was wir benennen, dem geben wir Aufmerksamkeit und damit Energie, die diese Eigenschaft stärkt. Genau das ist ja das Ziel dieser Übung: Ihre positiven Eigenschaften und Begabungen zu stärken.

Finden Sie als nächsten Schritt dieser Übung ein Symbol für jede Ihrer fünf Begabungen: zum Beispiel ein besonders gelungenes Foto als Kennzeichen für Ihre Begabung zu fotografieren. Oder eine Muschel als Symbol für die Ohrmuschel und damit Ihre Fähigkeit des Zuhörens.

Stellen Sie alle Ihre Symbolgegenstände an einem wichtigen Ort in Ihrer Wohnung auf, wo Sie sie öfters aufmerksam betrachten können. Nehmen Sie Ihre Gegenstände häufig in die Hand, meditieren Sie mit jedem von ihnen in Ihrer Hand. So lenken Sie Aufmerksamkeit und Energie in Ihre Begabungen und stärken auf diese Weise Ihre Kraft und den Ausdruck Ihrer Persönlichkeit. Für fruchtlose Selbstzweifel wird dann kaum noch Raum in Ihrem Leben sein. Statt dessen wächst Ihr Selbstwertgefühl und es kann durchaus sein, dass sich in Ihrem Leben plötzlich ganz neue Quellen und Ausdrucksmöglichkeiten für Ihre Kreativität öffnen, die Ihrem Leben neue Impulse oder sogar eine ganz neue Richtung geben.

Den richtigen Stein finden

> *Jeder Teil dieser Erde ist meinem Volk heilig. ... Selbst die stummen Steine am Strand bringen Erinnerungen und Ereignisse im Leben meines Volkes für mein Volk zum Klingen.*
>
> *Häuptling Seattle*

Steine sind längst nicht nur für die Indianer Nordamerikas, sondern auch für viele Menschen in unserem Kulturkreis bedeutsame Symbole, die sie auf dem Weg durch ihr Leben begleiten.

Mit Hilfe der folgenden Übung öffnen Sie sich für die Begegnung mit Ihrem persönlichen Symbolstein, der vielleicht irgendwo in der Natur darauf wartet, von Ihnen gefunden zu werden.

Übung: Einen Symbolstein finden

Entspannen Sie sich zunächst nach einer Ihnen vertrauten Methode. Sie können hierfür jede Entspannungstechnik wählen, die Sie beherrschen. Oder folgen Sie einfach ganz bewusst Ihrem Atem. Horchen Sie in sich hinein, wie Ihr Atem strömt: Ein – Aus, Ein – Aus, immer wieder. Beim Einatmen denken Sie „Ein" und beim Ausatmen „Aus", bis Sie spüren, dass Sie sich allmählich immer entspannter fühlen. Diese Methode hat sich in der Praxis hervorragend bewährt.

Wenn Sie den Zustand tiefer Entspannung erreicht haben, stellen Sie sich bitte innerlich darauf ein, dass Sie Ihrem Stein begegnen werden.

Gehen Sie im Anschluss an Ihre Entspannungsübung hinaus in die Natur, in eine Gegend, die Sie besonders gern leiden mögen. Halten Sie beim Gehen den Blick entspannt auf den Boden gerichtet. Irgendwann wird Ihnen Ihr Stein begegnen, wenn nicht auf diesem Spaziergang, dann auf dem nächsten oder übernächsten. Vielleicht wird Ihr Stein faustgroß sein oder noch größer. Vielleicht hat er auch nur die Größe einer Walnuss.

Kein Gegenstand begegnet uns aus Zufall. Wann immer Ihnen

irgendein Gegenstand ins Auge fällt, können Sie sicher sein, dass hinter dieser Begegnung eine Bedeutung steckt.

Manchmal ist es die besondere Lage eines Steins in der Natur, die unsere Aufmerksamkeit anzieht. Oder da glitzert irgendein Quarzeinschluss oder eine Metallader, die sich wie ein Band quer durch den Stein hindurchzieht. Auch die besonders auffällige Form eines Steins kann es sein, die unsere Aufmerksamkeit anzieht.

Wenn Sie das Gefühl haben, der Stein gehört zu Ihnen, heben Sie ihn auf. Halten Sie ihn in der Hand, spüren Sie seine Form und sein Gewicht. Schmiegt er sich angenehm in Ihre Hand? Danken Sie der Erde, ehe Sie den Stein mit nach Hause nehmen.

Waschen Sie Ihren Stein und trocknen Sie ihn ab, wenn Sie zu Hause angekommen sind. Tragen Sie ihn, wenn seine Größe es erlaubt, ein paar Tage mit sich herum. Oder stellen Sie ihn an einem Ort in Ihrer Wohnung auf, wo sie ihm immer wieder begegnen. Das kann Ihr Arbeitsplatz sein. Oder legen Sie ihn nachts auf den Nachttisch neben Ihrem Bett. Er kann Ihr Glücksbringer oder Ihr Traumbegleiter werden, ganz wie Sie wollen.

Nehmen Sie Ihren Stein öfters in die Hand. Oder schauen Sie ihn mehrere Minuten lang an. Meditieren Sie mit dem Stein in der Hand. So werden Sie ihn immer besser kennen lernen. Er wird sich Ihnen nach und nach öffnen, sich verändern, sich anders anfühlen, Ihnen vertrauter werden, zu Ihnen sprechen.

Wie fühlt sich Ihr Stein an? Welche Form, welche Farbe hat er? Gibt es an Ihrem Stein besondere Muster oder Zeichnungen? Woran erinnert er Sie? Löst er irgendwelche Gedanken oder Empfindungen in Ihnen aus? Steht der Stein als Symbol für irgend etwas, das Ihnen in Ihrem Leben wichtig ist?

Geben Sie, wenn Sie wollen, Ihrem Stein einen Namen. Hören Sie genau hin: Vielleicht erzählt er Ihnen seine Geschichte.

Schreiben Sie alles Wichtige auf, was Sie in Zusammenhang mit Ihrem Stein erleben. Manchmal wird ein Gedicht oder ein anderes kleines Kunstwerk daraus entstehen. Alle Gegenstände, nicht nur Steine, können zu uns sprechen, wenn wir die Fähigkeit entwickeln, ihnen zuzuhören. Für die Naturvölker und ihre Schamanen war das ebenso selbstverständlich wie für die jüdischen Chassidim und für Dichter der deutschen Romantik wie Joseph von Eichendorff:

Schläft ein Lied in allen Dingen,
die da träumen fort und fort,
und die Welt hebt an zu singen,
triffst du nur das Zauberwort.

Die Fähigkeit, das Lied zu hören, das in einem Stein wohnt, haben längst nicht nur Schamanen und Dichter. Jeder, der sich darauf einlässt, kann lernen zu sehen und zu hören, was Gegenstände aus der Natur zu erzählen haben. Damit verändert sich zugleich unsere Einstellung zur Schöpfung. Die Natur ist nicht länger ein Objekt, das unterworfen und ausgebeutet wird, sondern sie ist eher wie ein Partner, der geachtet und geliebt werden will, mit dem wir in einer lebendigen Gemeinschaft leben.

Steine in der Natur zu suchen, ist nur eine von vielen Möglichkeiten, Kraftsymbole zu finden. Manchmal sind es Kieselsteine oder Begrenzungssteine an Wegen, die uns ansprechen, um uns auf unserem Weg zu begleiten, vielleicht nur ein Stück weit, vielleicht auch über längere Zeit, wer weiß das schon. Oder wir begegnen Steinen von abgebrochenen Häusern. In ihnen wohnt meist noch der Geist des Gebäudes, aus dem sie stammen. Auf meinen Spaziergängen durch die Wälder in der Umgebung meines Wohnortes gehe ich immer mal wieder einen Weg, der mit Bauschutt aus einem alten Bauernhaus aufgefüllt worden ist. Dort finde ich regelmäßig Bruchstücke wunderschöner alter Fliesen. Ich sammle sie und nehme sie mit nach Hause, um aus ihnen ein neues Fliesenmosaik herzustellen. Dieses neue Mosaik wird nicht in einer Rekonstruktion der alten Muster bestehen, sondern ganz anders zusammengesetzt sein und bewusst den Charakter des Bruchstückhaften betonen. Für mich stellt es ein Symbol dar für das Sterben und neu Entstehen, für Tod und Wiedergeburt, dem alles Leben unterliegt.

In einem anderen Wald, ein paar Kilometer weiter von meinem Wohnort entfernt, kenne ich einen Weg, der mit wunderschönen alten handgeformten Klinkersteinen aufgefüllt ist: ebenfalls Bauschutt von einem abgebrochenen Haus. Immer wenn ich durch diesen Wald wandere, nehme ich ein paar dieser Steine mit. Sie liegen am Wegesrand oder schauen halb aus dem Bauschutt hervor, so dass ich sie nur freizulegen brauche. Aus diesen Steinen werde ich in meinem Garten eine Säule mauern. Etwas von der Kraft des abgerissenen Gebäudes wird in ihr erhalten bleiben oder neu entstehen.

Was das für ein Gebäude gewesen sein mag, aus dem die Steine stammen, habe ich mich oft gefragt. Näheres ließ sich nicht herausfinden. Aber ich bin ganz sicher, es war ein Gebäude mit positiver Ausstrahlung, kein Gefängnis und kein Ort, an dem es gewalttätig zuging.

Immer wenn ich einen dieser selbst gesammelten Steine in die Hand nehme, sehe ich seine Geschichte vor mir: Ich sehe, wie Ziegeleiarbeiter vor ein paar Hundert Jahren Lehm in Holzformen glatt streichen, wie sie die Lehmziegel in der Sonne trocknen. Ich sehe, wie Männer ein Haus bauen mitten in der Landschaft, ein Bauernhaus. Ich sehe Menschen darin wohnen, zusammen mit ihrem Vieh unter dem gleichen Dach, friedliche Menschen, aber auch wehrhafte, die mit versprengt umherstreifenden Söldnern und Abenteurern umzugehen wussten und in Kriegszeiten ihr Vieh in den umliegenden Wäldern versteckten.

Manchmal stößt man bei Bauarbeiten oder beim Graben im Garten auf schlafende Steine, die in der Erde geschlummert haben. Wer sie ausgräbt, erweckt sie zu neuem Leben.

Was ist es, das uns an Steinen so stark anzieht? Steine scheinen eine Art Gedächtnis zu haben, das weit zurückreicht. Für einen Stein sind tausend Jahre rein gar nichts. Vielleicht möchten wir von ihnen etwas über die Vergänglichkeit lernen.

Vergänglicher sind sicherlich Symbolgegenstände aus Holz, die sich immer wieder in der Natur finden lassen:

Einer meiner Bekannten hat in seiner Wohnung seltsam geformte Baumwurzeln aufgestellt und Teile von Schlingpflanzen, die kleine Steine umklammert halten. Sie stammen aus der Provence. Er hat sie dort im Urlaub gefunden und später zu Hause glatt geschliffen, mit Wachs oder Lack behandelt und sie auf standfesten Holzplatten befestigt: Von der Natur gestaltete Kunst und persönliche Symbolgegenstände der Kraft zugleich.

Symbole der Kraft selbst schaffen

Selbst geschaffene Kraftsymbole wirken weit stärker als jedes vorgefundene oder übernommene Symbol. Einen einheitlichen Weg, der zum Finden eines persönlichen Kraftsymbols führt, gibt es nicht. Der Weg verläuft bei jedem Menschen anders. Deshalb ist es hier nur möglich, Beispiele zu beschreiben. Sie sind als Anregung gedacht, nicht als Patentrezept.

Für junge Menschen mag es selbstverständlich sein, über genügend Lebenskraft zu verfügen. Dennoch habe ich immer wieder erlebt, wie gerade sie sich auf kreative Weise Kraftsymbole schaffen. Im westfälischen Münster sah ich, wie Jugendliche vor ihrem Treff-Zentrum einen wunderbar kraftvollen „Weltenbaum“ errichteten.

Und auf der Insel Wangerooge fand ich bei einem Spaziergang am Meer eines Morgens ein Kunstwerk: Über Nacht entstanden, ein Stück weit vom Strand entfernt draußen im Meer. Jugendliche aus einem Landschulheim hatten an einem Holzpfahl, der als Wellenbrecher in der Dünung steht, aus aufgesammeltem Strandgut, Holzteilen, Kleidungsstücken und bunten Bändern eine Symbolgestalt geschaffen: Neptun, der Gott der Meere, er war es, ganz ohne Zweifel.

Fasziniert von dieser Schöpfung nahm ich mir vor, das Kunstwerk zu fotografieren. Doch über Nacht kam Sturm auf. Als ich am nächsten Tag wieder zur gleichen Stelle kam, stand nur noch der Holzpfahl im Wasser, wie eh und je. Die bunten Bänder, die Kleidung, der Kopf der Gestalt: alles verschwunden. Der reale Meeresgott Neptun hatte sein Abbild an sich genommen. Auch das lässt sich als Symbolhandeln verstehen.

Weit stärkere Bedeutung gewinnen selbst geschaffene Kraftsymbole im Leben älterer Menschen. Mit dem Älter werden spüren die meisten Menschen ihre Grenzen. Vieles, was früher mühelos gelang, fällt ihnen schwerer. Sie fühlen sich überfordert, gejagt, übermüdet. Die hohen Anforderungen, das Tempo des modernen Lebens fordert seinen Preis an Lebenskraft. Symbole der Kraft können ihnen hervorragend helfen, ihre Lebenskraft zu zentrieren, bewusster mit ihr umzugehen und mehr Ruhe und mehr Gelassenheit in ihr Leben eintreten zu lassen.

Symbole, die Zukunftsperspektiven zeigen

Oft helfen Symbole, wie in dem oben geschilderten Beispiel vom Waldwachtelweizen (Seite 36), Zukunftsperspektiven herauszufinden. Das kann gerade bei älteren Menschen sehr von Vorteil sein. Denn wer die markanten Phasen in seinem Leben bereits durchlebt hat, aus dem Berufsleben ausgeschieden ist, Partnerschaftsprobleme und Auszug der Kinder hinter sich hat, der fällt oft in ein resignierendes oder zumindest abwartendes Verhalten: „Mal sehen, was das Leben noch für mich bereithält!" Menschen jenseits der Schwelle zum Rentenalter nehmen oft ihr Leben nicht mehr selbst in die Hand, sondern warten ab, was von außen auf sie zukommt. Ihnen kann die Suche nach einem lebensleitenden Symbol helfen, Antworten zum Beispiel auf die Frage zu finden: Was kann ich mit den Jahren anfangen, die nach der durchschnittlichen Lebenserwartung noch vor mir liegen? Zu dieser Frage auf Symbolsuche zu gehen, ist ausgesprochen spannend.

Versuchen Sie, bei Ihrer Symbolsuche nichts zu erzwingen. Das richtige Symbol wird Ihnen begegnen. Wenn nicht beim ersten Versuch, so vielleicht beim zweiten oder dritten Anlauf.

Bilder für Beziehungen und besondere Lebensphasen

Oft eignen sich Symbolgegenstände besonders, um persönliche oder berufliche Beziehungen darzustellen.

Im Leben vieler Menschen gibt es bestimmte Phasen, die mit unerledigten Gefühlen angefüllt sind. Mit Hilfe von Symbolen, die an diese Abschnitte des Lebens erinnern, zum Beispiel an die Kindheit, die Jugend, ihr Erwachsensein oder das Alter, lassen sich diese unerledigten Gefühle aktivieren und in die Erinnerung zurückrufen. Jetzt, mit zeitlichem Abstand, können sie noch einmal erlebt und nun bewältigt werden.

Bilder, die mehrere Sinnesorgane ansprechen

Geeignet sind besonders solche Symbolgegenstände, die mehrere Sinne ansprechen: Außer dem Sehen auch das Hören, Fühlen und Riechen. Denken Sie an die beiden Beispiele von Marcel Proust und C. G. Jung (Seite 21 und 22): Unser Gehirn funktioniert so, dass es alte gespeicherte Gefühle und Stimmungen am besten freisetzt, wenn es über mehrere Sinnesorgane gleichzeitig angesprochen wird.

Meditieren mit Bildern

Schauen Sie sich die Bilder und Symbolgegenstände, die Sie ansprechen, lange und intensiv an. Beim Anschauen werden Sie immer Neues entdecken. Am besten gelingt dies in einer vollkommen entspannten Atmosphäre. Schließen Sie zwischendurch die Augen, spüren Sie mit allen Sinnen dem nach, was der Gegenstand Ihrer Wahl Ihnen mitteilen will.

Manchmal dauert es länger, bis er Ihnen seine Botschaft mitteilt. Haben Sie also Geduld. Schauen Sie Ihr Kraftsymbol immer mal wieder an. Bewahren Sie es an einem Ort auf, an dem Sie ihm immer wieder begegnen, zum Beispiel an einer Stelle in Ihrer Wohnung, von der aus Ihr Blick häufig auf diesen Gegenstand fällt.

Krafttiere und Helferwesen

Tieren erkennen wir auf der Symbolebene bestimmte Eigenschaften zu: Der Fuchs gilt schon in den alten Fabeln als besonders schlau. Löwen finden sich wegen ihrer Kraft nicht zufällig immer wieder als Wappentiere. Ähnliches gilt für den Adler, der seinen Herrschaftsbereich hoch oben über allem Geschehen in den Lüften und in unzugänglichen Felsen hat. Aufgrund dieser Eigenschaften eignet er sich besonders als Inbegriff von Macht, auch von Freiheit und Unabhängigkeit und damit als Wappentier vieler Staaten. Rehe gelten als scheu, Kühe als Spender mütterlicher Wärme und Energie. Die Reihe der Symboltiere lässt sich lange fortsetzen.

Bei vielen Naturvölkern verkörperten bestimmte Tiere symbolisch einen speziellen Geist, eine besondere Energiequalität. Gemeint war dabei nicht ein konkretes Tier, also nicht ein bestimmter Bär, sondern der Bär an sich. Das schloss nicht aus, dass sie einem Bären in seiner konkreten Erscheinungsform nicht ebenfalls die typische Qualität der Bärenenergie zuerkannten. Aber sie verehrten den Bärengeist als solchen. Und mit ihm traten sie in Kontakt, wenn sie seinen Rat, seine Hilfe oder seine Kraft benötigten. Wer nicht in Beziehung zu einem Krafttier stand oder diese Verbindung durch Nachlässigkeit verloren hatte, befand sich nach ihrer Auffassung in einer sehr schwachen und verletzlichen Situation, denn er hatte den Kontakt zu seiner eigenen Tiernatur eingebüßt. Das dürfte für die meisten in den Industrienationen lebenden Menschen zutreffen.

Doch selbst in hoch technisierten, der Natur in vieler Hinsicht entfremdeten Kulturen lebt die Kraft der Tiere noch in der Sprache weiter. Da gibt es Gasthöfe zum Hirschen oder zum Ochsen. Jemand ist schlau wie ein Fuchs, stark wie ein Löwe, scheu wie ein Reh oder hat einen Bärenhunger. Selbst die moderne Sprache der industriellen Werbung beschwört noch immer besondere Tierkräfte, indem sie bestimmte Tiersymbole als Embleme benutzt. Der Werbespruch „Pack den Tiger in den Tank“ beispielsweise war lange Zeit ein gewaltiger Erfolg für den Esso-Konzern.

Wie findet man sein persönliches Krafttier? – Bei den Naturvölkern war es nicht so, dass sich jeder sein Krafttier suchte, sondern das Tier kam zu ihm. Das geschah entweder in realen Begegnungen in der Natur, meist aber in Visionen, Träumen oder spontanen Tänzen. Oft sind es wiederkehrende Träume, in denen ein bestimmtes Tier eine wichtige Rolle spielt. Manchmal begegnet man diesem Tier zunächst mit Angst, mit Ehrfurcht. Aber viele Menschen erleben es als hilfreich und beschützend.

Auch für uns in einer hoch technisierten Zivilisation lebende Menschen ist es möglich, die Beziehung zu einem Krafttier aufzubauen und zu pflegen. Kindern fällt es noch immer ausgesprochen leicht, solche Begegnungen herbeizuführen. Denn ihre Nähe zur Natur ist meist noch unmittelbarer erhalten als bei Erwachsenen. Sie kennen oftmals ihr Lieblingstier, begegnen ihm im Traum oder fühlen sich im Zoo auf seltsame Weise zu bestimmten Tieren hingezogen.

Unter meinen Freunden und Bekannten kenne ich aber auch eine ganze Reihe Erwachsener, die den Kontakt zu ihrem persönlichen Krafttier aufgebaut haben. Wenn sie ein schwieriges Problem haben, sich krank fühlen oder sonst Rat oder Hilfe brauchen, dann wenden sie sich in der Meditation mit ihrem Anliegen an ihr Krafttier, so wie andere mit ihrem Schutzengel kommunizieren.

Einer meiner Freunde ist herzkrank. Immer wieder geschah es, daß er plötzlich für Sekunden ohnmächtig wurde. Da er aus beruflichen Gründen viel mit dem Auto unterwegs sein mußte, war dieser Zustand für ihn ziemlich besorgniserregend. Die Ärzte rieten zum Einsetzen eines Herzschrittmachers. Er selbst hatte eine starke Abneigung gegen diese Lösung, weil er sich dagegen sträubte, metallische Gegenstände dauerhaft in seinem Körper zu tragen. Auch hatte er von einer Patientin gehört, deren Schrittmacher wieder herausgeeitert war. Er probierte zunächst also alle möglichen anderen Naturheilverfahren aus, um das Einsetzen eines Herzschrittmachers zu vermeiden, doch ohne Erfolg. Schließlich fragte er in der Meditation sein Krafttier um Rat. Es erschien vor seinen Augen und trug einen Herzschrittmacher an einem Band wie einen Orden um den Hals.

Damit war die Lösung des Problems klar. Mein Freund, der eine Abneigung gegen Orden und Ehrenzeichen hat, begriff, dass er um das Tragen eines Schrittmachers nicht herumkommen würde. Zugleich hatte ihm sein Krafttier signalisiert, dass das Tragen des Schrittmachers eine Auszeichnung sei, auch wenn er sich gegen Auszeichnungen wehre. Immerhin hätten ihm die Ärzte noch vor wenigen Jahrzehnten nicht helfen können, weil es solche technischen Hilfen noch nicht gab.

Inzwischen sind mehrere Jahre vergangen, in denen dieser Mann mit dem Herzschrittmacher lebt, leistungsfähig und zufrieden ist und seinen Beruf ohne Schwierigkeiten ausüben kann.

Eine Frau aus meinem Bekanntenkreis pflegt Kontakt gleich zu einer ganzen Reihe von Kraftwesen. Unter ihnen sind nicht nur Krafttiere, sondern auch Elfen und Zwerge, die ihr in schwierigen Lebenssituationen Rat und Hilfe geben.

Der Psychotherapeut Jose Stevens aus New Mexico und seine Frau Lena, beide mit schamanischen Praktiken gut vertraut, berichten mehrere Beispiele, in denen Krafttiere Hilfe in schwierigen Situationen gaben:[8]

Einige dieser Situationen erlebten sie selbst: Sie hatten eine Reise per Auto durch die Wüstenpisten des Death Valley unternommen und waren nun im Begriff, diese unwirtliche Gegend über eine Gebirgspassstraße zu verlassen. Oben in den einsamen Bergregionen begann es heftig zu schneien. Es war an der Zeit, die im Gepäck mitgenommenen Schneeketten zu montieren. Doch aus Versehen hatte Jose zu Hause die falschen Schneeketten eingepackt. Sie passten nicht. Sie gehörten zu seinem anderen Wagen. Und ihr Benzinvorrat reichte auch nur noch bis zur nächsten Stadt außerhalb des Death Valley. An Umkehren war also nicht zu denken. Lena schlug wütend die Wagentür zu und stapfte frustriert die schneebedeckte Straße hinunter. Sie hat-

---

[8] Stevens 1994, 110 f., 288 f.

te die Nase voll. Die vergangene kalte Nacht im feuchten Zelt hatte schon ihre Spuren hinterlassen. Jetzt aber war sie restlos genervt.

Als Lena eine Zeitlang durch den Schnee geschlurft war, fielen ihr Tierspuren im Schnee auf, die sie erst einmal näher untersuchte. Sie schaute sich um und nahm jetzt zum erstenmal die eindrucksvolle Landschaft wahr, die sie umgab. „Immerhin leben hier oben Tiere“, dachte sie. „Und wenn es alle Jubeljahre einmal schneit, bricht für sie die Welt auch nicht zusammen. Sie machen einfach das Beste daraus.“ Ihre Gedanken begannen zu wandern. Lena dachte an ihr Krafttier und an die unberührte Kraft dieser Landschaft. Dabei traten ihre Gefühle des Ärgers und der Frustration immer mehr zurück. Aus der Ferne hörte sie den Schrei eines Vogels. Er erinnerte sie wieder an ihr Krafttier, die große Ohreule, die sie jederzeit um Rat und Hilfe bitten konnte. Sie schloss die Augen, rief ihr Krafttier und fragte: „Was würdest du an meiner Stelle tun?“

Die Eule schien auf einem dicken Ast zu sitzen. Und Lena empfing ihre Antwort: „Du hast recht, wenn du in diesen Wüstenbergen Kraft spürst. Sie üben einen heilenden Einfluß auf dich aus. Warum die Hetze? Du hast dich nach seelischer Heilung gesehnt, und nun befindest du dich an einem Ort, der die besten Voraussetzungen dafür bietet. Schöpfe Kraft aus den Mineralien, die dich umgeben. Erlaube ihnen, dein inneres Gleichgewicht wiederherzustellen. Wenn du genug Kraft erhalten hast, wird sich schon ein Ausweg finden.“ Lena dachte einen Augenblick lang nach und kam zu dem Ergebnis, es sei an der Zeit, loszulassen und einfach zu empfangen.

Zwei Stunden später sah Lena von den Bergen aus die Straße hinunter. Dort bewegte sich etwas. Ein alter Schneepflug arbeitete sich kriechend voran – kein gemeindeeigener Schneepflug, sondern der eines Bergarbeiters. Hinter ihm konnten sie herfahren. Die Fahrt ging langsam genug, dass sie noch Zeit fanden, diese Erfahrung zu genießen und dabei über ihre eigene Dummheit zu lachen.

Ein anderes Beispiel einer Begegnung mit dem eigenen Symboltier hat mir vor kurzem eine Bekannte erzählt.

Beispiel: Schlange als Krafttier

Iris, 45 Jahre, Heilpraktikerin, nahm an einem Fortbildungskurs teil, bei dem die Teilnehmer die Aufgabe gestellt bekamen, im Zustand tiefer Entspannung sich selbst als Tier vorzustellen.

Iris dachte darüber nach, dass sie gern ein Adler sein möchte. Als sie tief genug entspannt war, sah sie ein Bein „ihres" Tieres vor sich am Boden. „Mit dem Adler wird es also nichts werden", dachte sie, als das Bein sich zu bewegen begann. Es schlängelte sich am Boden entlang. Iris begriff, dass das, was sie für ein Bein gehalten hatte, das ganze Tier war: eine Schlange.

Dann sah sie plötzlich Halme, Gräser und Binsen vor sich, aus der Perspektive eines Tiers, das sich am Boden bewegt. Sie konnte nicht nach oben schauen. Aber am merkwürdigsten schien ihr, dass sie alles um sich herum in Rot sah. Die Pflanzen, Blätter und Gräser waren rot und nicht grün.

Iris fand zunächst keine Erklärung für dieses veränderte Farberleben. Wieder zu Hause angekommen, suchte sie in allen verfügbaren Büchern nach Informationen über die Lebensweise der Schlangen. Dabei stieß sie auf die Information, dass Schlangen tatsächlich mit Hilfe einer Art Infrarot-Strahlung bei Dunkelheit sehen können. Das war ihr zuvor nicht bekannt. Und sie ist sich absolut sicher, darüber auch nie zuvor in der Schule oder aus anderen Quellen erfahren zu haben.

Schlangen sind Iris auffallend häufig in ihrem Leben begegnet, und sie hat eine Art Hassliebe aus Angst und Faszination zu ihnen entwickelt. Inzwischen begreift sie, dass die Schlange ihr persönliches Krafttier ist, das in Gestalt der Heilschlange seit alter Zeit in besonderer Beziehung zu den Heilberufen steht, denen sie ja angehört. Die auf dem Äskulapstab abgebildete Schlange stellt diese Beziehung auf der Symbolebene dar.

Mein persönliches Kraftsymboltier ist seit vielen Jahren ein Elch. Ich war noch nie in Schweden und habe noch niemals einen Elch in seinem natürlichen Lebensraum erlebt. Warum also ausgerechnet ein

Elch mein Berater ist, bleibt mir ein Rätsel. In schwierigen Situationen habe ich immer wieder Kontakt zu ihm aufgenommen, ihn um Rat gefragt und wichtige Hilfen von ihm erhalten. Als ich ihm zum erstenmal in einem meditativen Wachtraum begegnete, ging es ihm nicht gut. Er trug ein Joch aus Holz um den Hals, das an beiden Seiten an Bäumen festgenagelt war. Der Elch saß darin fest. Ihm blieb in seiner Gefangenschaft kaum Bewegungsmöglichkeit. Ich mußte ihn erst befreien, ohne damals zu wissen, dass er später einmal mein Krafttier werden sollte.

Lange Zeit konnte ich dieses symbolhafte Bild nicht deuten. Ich wusste einfach nicht, was es mit dem Elch im Joch für eine Bewandtnis hatte. Inzwischen ist mir klar, dass dieses Bild mir zeigen wollte, wie weit ich mich schon von meiner Tiernatur entfernt hatte. Ich selbst war es, der sein Krafttier gefangen hielt, es in ein Joch zwängte, so dass es sich nicht frei bewegen konnte. Nachdem ich es befreit hatte, gewann auch mein Leben wieder stark an Kraft und an Lebendigkeit. Es gelang mir, berufliche Fesseln abzulegen, die mich damals stark einengten.

Wie Sie Ihr persönliches Symboltier finden und Kontakt zu ihm aufnehmen können

- Bitten Sie mehrere Wochen lang jeden Abend vor dem Einschlafen Ihre Traumkraft, Ihnen eine Begegnung mit Ihrem persönlichen Krafttier im Traum zu ermöglichen.
- Bitten Sie auch tagsüber in der meditativen Entspannung um eine Begegnung mit Ihrem Krafttier. Lassen Sie sich nicht entmutigen, wenn nicht sofort der erste Versuch gelingt. Manchmal dauert es eine Weile, bis der Kontakt zu den inneren Helfern hergestellt ist.
- Achten Sie bei Spaziergängen oder Wanderungen durch die Natur darauf, ob Ihnen irgend ein Tier öfters begegnet. Wenn das geschieht, könnte darin ein Hinweis liegen, dass es sich um Ihr Krafttier handelt.
- Wenn Sie herausgefunden haben, welches Ihr Krafttier ist, sprechen Sie mit diesem Tier. Füttern Sie es. Bringen Sie ihm kleine Ge-

schenke. Wenden Sie sich ihm zu. Lassen Sie sich nicht gleich entmutigen oder abschrecken, wenn dieses Tier Ihnen zunächst aggressiv oder nicht unbedingt vertrauenerweckend vorkommt.

- Versuchen Sie, sich in Ihr Krafttier einzufühlen, indem Sie sich auf spielerische Weise bewegen wie dieses Tier. Tanzen Sie die Bewegungen dieses Tieres!
- Bitten Sie es, Ihnen Rat und Hilfe zu geben. Danken Sie ihm jedesmal, wenn es Ihnen Rat oder Hilfe gegeben hat.
- Stellen Sie von Zeit zu Zeit immer mal wieder den Kontakt zu Ihrem Krafttier her, auch wenn Sie kein konkretes Anliegen haben. Schauen Sie nach, wie es ihm geht. Freundschaften wollen gepflegt werden.
- Besorgen Sie sich Bilder und Symbole ihres Krafttiers. Das kann zum Beispiel die Feder eines Vogels sein, wenn ein Vogel Ihr Krafttier ist. Stellen Sie diese Symbole an Stellen in Ihrer Wohnung auf, an denen Ihr Blick möglichst oft darauf fällt.

Die folgende meditative Übung hat sich gut bewährt, um den Kontakt zu einem persönlichen Krafttier herzustellen.

Begegnung mit Ihrem persönlichen Krafttier: Meditative Übung

Entspannen Sie sich bitte zunächst wieder nach einer Ihnen vertrauten Methode oder mit Hilfe der im Kapitel *Den richtigen Stein finden* auf Seite 40 beschriebenen Atemübung.

Sobald Sie sich gut entspannt fühlen, kann die eigentliche Übung beginnen. Am besten sprechen Sie vorher den Text dieser Übung auf Kassette. Sprechen Sie dabei ruhig und langsam und mit Pausen an den durch Absätze und durch das Ruhezeichen ♥ gekennzeichneten Stellen. Während Sie die Übung durchführen, lassen Sie die Kassette ablaufen.

♥

Du bist jetzt ganz ruhig.
Dein ganzer Körper ist warm
und angenehm schwer.

Stell dir nun bitte vor deinen Augen das Bild eines Waldrandes vor.

Du siehst die vielen Bäume vor dir. Und du siehst die Lücken dazwischen.
Dunkel ist es dort. Vielleicht fühlst du dich dabei ein wenig unbehaglich.

Schau trotzdem genau hin auf diese dunklen Stellen zwischen den Bäumen,
und geh ruhig etwas näher heran an den Wald, den du vor dir siehst.

Vielleicht hast du Lust, in den Wald hineinzugehen, zu erleben, welches Geheimnis dort auf dich wartet.

Der Wald lädt dich ein. Und wenn sich deine Augen ein wenig an die Dunkelheit gewöhnt haben, kannst du vielleicht ein paar Schritte weit in den Wald hineingehen. Probier es einfach.

Und es kann sein, dass dir ein Tier begegnet hier in dem Wald zwischen den Bäumen. Schau einfach hin!

Und wenn es möglich ist, gib diesem Tier etwas zu fressen. Es kann sein, dass es Hunger hat. Du kannst auch zu ihm sprechen, wenn du willst. Manchmal verstehen Tiere die Sprache der Menschen. Manchmal können sie sogar selbst die Sprache der Menschen sprechen.

Welches Tier dir auch immer begegnet, es ist kein Zufall. Dieses Tier will dir etwas sagen. Es hat eine Botschaft für dich.

Vielleicht spricht es zu dir. Oder es gibt dir irgendein Zeichen. Vielleicht läuft es einfach vor dir her, damit du ihm folgst, weil es dir etwas zeigen will, etwas, das wichtig für dich ist, etwas Spannendes, etwas Abenteuerliches, ein Geheimnis vielleicht, etwas, das du immer schon erleben wolltest.

Du folgst dem Tier tiefer in den Wald. Der Wald hat dich eingeladen. Du brauchst keine Angst zu haben. Das Tier ist dein Helfer. Es kennt sich hier aus. Es schützt dich, was auch immer geschieht.

Dein Abenteuer beginnt. Folge jetzt einfach eine Weile deinen Bildern.

♥

Wenn du das Gefühl hast, du hast jetzt genug erlebt, dann geh wieder aus dem Wald heraus – auf dem gleichen Weg, den du gekommen bist.

Nimm nun Abschied von deinem Helfertier, von deinem Krafttier. Du kannst es jederzeit wiedersehen, wenn du willst.

Bedanke dich bei ihm, dass es dich geführt hat und weiter für dich da sein will.

Langsam spürst du jetzt, wie dein Körper wieder ganz leicht wird.

Zähl nun in deinem Inneren bis Drei. Dann kommst du bitte wieder zurück aus deiner Entspannung. Und du fühlst dich wieder frisch und frei.

Eins! – – – Zwei! – – – und – – – Drei!

Und zurückkommen bitte!

Bilder der Kraft aussuchen, die in diesem Buch vorgestellt werden

Finden Sie mit allen Ihren Sinnen heraus, welches der in diesem Buch vorgestellten Symbole Sie besonders anspricht. Vielleicht sind es mehrere Symbole, zu denen Sie sich hingezogen fühlen. Denken Sie darüber nach, ob es bestimmte Bilder oder Zeichen gibt, die in Ihrem Leben eine besondere Rolle spielen, vielleicht allein, weil sie Ihnen immer wieder begegnen. Blättern Sie einfach oder schlagen Sie eine Seite auf oder ein Kapitel, das Ihrer augenblicklichen Stimmungslage oder Ihren Wünschen und Bedürfnissen am besten gerecht wird. Oder lassen Sie beim Lesen des Buchs die einzelnen Symbole auf sich wirken und entscheiden Sie sich dann für ein Symbol, das Ihnen Kraft geben und Sie begleiten soll. Meditieren Sie über dieses Symbol. Stellen Sie Bilder dieses Symbols in Ihrer Wohnung auf. Suchen Sie Kontakt zu Ihrem Symbol, wo immer es für Sie möglich ist. Bitten Sie Ihre Traumkraft um Begegnungen mit Ihrem Symbol in Ihren nächtlichen Träumen. Bei der Suche nach Ihrem persönlichen Kraft- oder Schutzsymbol kann Ihnen die Konzentration auf die Begegnung mit Ihrem Symbol in der Zeit vor dem Einschlafen sehr gut helfen. Nehmen Sie sich einfach zwei Wochen lang jeden Abend vor dem Einschlafen vor: Diese Nacht will ich meinem Symbol begegnen. Bitten Sie Ihre Traumkraft regelmäßig um eine Begegnung mit Ihrem Symbol. Meist arrangieren die Träume sehr bald ein Treffen mit Ihrem Symbol. Oder manchmal begegnet es uns dann plötzlich am Tage. Vielleicht sind Sie tausendmal auf Ihrem täglichen Weg zur Arbeit an diesem Symbol vorbei gelaufen. Jetzt plötzlich fällt es Ihnen wie Schuppen von den Augen. Gewissheit entsteht: Das ist mein Symbol der Kraft, das mich begleiten will.

Geschichten zu einem Symbol erfinden und in ein Tagebuch schreiben

Seit alter Zeit umranken die Menschen wichtige Lebensvorgänge mit Mythen, Sagen, Märchen und Geschichten. Sie versuchen auf solche

Weise, ihre Welt zu erklären. Natürlich sind Mythen keine Fakten. Dennoch enthalten sie eine Wahrheit. Von ihr konnten die Menschen nur auf andere Weise nicht sprechen, weil die Sprache der Fakten nicht ausreicht, Dinge zu erklären, die weit hinter dem Tagesgeschehen liegen.

Geschichten geben einem Symbolgegenstand Kraft

Geschichten zu einem Symbolgegenstand geben diesem Gegenstand eine Bedeutung. Sie reichern ihn mit Kraft an. Durch eine Geschichte wird ein Stein zu einem besonderen Stein, manchmal sogar zu einem heiligen Stein. Ein gewöhnliches Stück Holz wird zu einem Holz mit einer ganz speziellen persönlichen Symbolkraft. Die heilende Wirkung von Bildern, Kunstwerken und Kraftgegenständen verstärkt sich, wenn ihnen eine Geschichte zusätzliche Bedeutung verleiht.

Wie Sie die Geschichte zu einem Gegenstand finden können? Manchmal träumen wir von dem Gegenstand, der uns wichtig ist. Wir können um einen solchen Traum bitten. Ein anderes Mal fällt uns die Geschichte zu einem Gegenstand ohne konkrete Traumbilder gleichsam über Nacht zu. Mitunter brauchen wir ein wenig Geduld, bis wir sie erhalten.

Hilfreich ist, wenn Sie den Gegenstand, den Sie mit einer Geschichte umranken wollen, möglichst oft in Ihrem Blickfeld haben. Meditieren Sie über den Gegenstand. Unternehmen Sie eine Art Wachtraumreise in seine Umgebung, in seinen bisherigen Lebensraum, in die Vergangenheit Ihres Gegenstands. Geben Sie Ihrem Gegenstand einen Namen. So wird er Ihnen vertrauter und in seiner Qualität erfassbarer werden. Stellen Sie sich vor, welche spezielle Wirkung von ihm ausgehen soll. Wünschen Sie sich, dass Ihr Gegenstand heilende, tröstende, erinnernde, ermutigende oder stärkende Kraft ausstrahlen soll? Soll Ihr Gegenstand ein Gegenstand der Gesundheit, der Liebe, der Trauer, der Erinnerung, des Mutes, des Abschieds oder der Freude sein? Oder soll seine Kraft sich in eine ganz andere, in dieser Aufzählung nicht enthaltene Richtung hin entfalten? Alles ist möglich. Kreativität kennt keine Grenzen.

Jeder Gegenstand hat eine Geschichte

Hier ist das Beispiel eines Gegenstandes, der mir begegnet ist, sich aber nicht einmal in meinem Besitz befindet. Bei diesem Gegenstand handelt es sich um einen ganz normalen Weidezaunpfahl aus Eichenholz. Doch auch er hat seine Geschichte.

An den Hängen des Teutoburger Waldes siedeln die Menschen seit Jahrtausenden als Ackerbauern. Pferde gehören seit jeher zu ihren engsten Begleitern. Sie halfen ihnen bei der Arbeit, beim Bestellen der Felder, bei der Ernte, beim Dreschen des Getreides, beim Transportieren von Waren, bei der Fortbewegung auf Reisen, als Spielgefährten ihrer Kinder, ja sie zogen sogar mit in den Krieg. Wen wundert es, wenn in dieser Gegend gekreuzte Pferdeköpfe selbst als Kraftsymbol auf den Bauernhäusern zu sehen sind und sogar im Staatswappen des Bundeslandes auftauchen.

Hier ist die Geschichte zu einem Weidezaunpfahl, den ich irgendwo an den Hängen des Teutoburger Waldes entdeckte. Von der Natur aus dem Eichenholz herausgeformt zeigt er das Bild eines Pferdekopfes. Für mich war er ein Symbol, das mir sehr stark ansprach. Viele Geschichten sind zu diesem Symbol denkbar. Meine Geschichte lautet so:

Das Pferd eines der Bauern am Rande des Teutoburger Waldes war alt geworden. Es taugte nicht mehr zur Feldarbeit. So lief es auf der umzäunten Weide am Waldrand umher und ernährte sich den ganzen Sommer über von dem Gras, das auf der Waldwiese nicht reichlich, aber doch ausreichend wuchs.

Manchmal kamen die Kinder des Bauern auf die Wiese. Sie ritten auf dem Pferd und spielten noch immer gern mit ihm, auch wenn es in seinen Bewegungen müder und langsamer geworden war.

Eines Nachts verfing sich das Pferd im Weidezaun. Beim Versuch, sich zu befreien, trat es wild um sich. Einer der Zaunpfähle aus jungen Eichenstämmen brach ab. Das Tier verletzte sich und starb jämmerlich.

Der Bauer reparierte den Weidezaun, indem er den abgebrochenen Zaunpfahl durch einen Eichenstamm ersetzte, den er im Wald fand. Irgendwann bemerkte eines seiner Kinder, dass ein Seitenast dieses Stammes exakt die Form eines Pferdekopfs hatte. Zufall? Oder eine Art Denkmal für das Pferd, das als „Krafttier" der Familie über seinen persönlichen Tod hinaus so in Erinnerung blieb? Aber wer oder welche Kraft stellte dieses „Denkmal" zur richtigen Zeit am richtigen Ort auf? Die Kinder auf dem Bauernhof jedenfalls gingen fest davon aus, dass ihr Pferd auf diese Weise weiter bei ihnen sei.

Die eigene Lebensgeschichte mit Hilfe eines Symbols neu schreiben

Symbole begleiten uns auf dem Weg durchs Leben. Oft ist es ein ganz bestimmtes Symbol, das uns über Jahrzehnte immer wieder neu begegnet und uns mit seiner Kraft hilft. Einen Mann aus meinem Bekanntenkreis begleitete über viele Jahre das Bild vom Hans im Glück. Er lernte durch dieses Symbol den Umgang mit den materiellen Dingen, Geld und Besitz zu nutzen, aber sie auch im richtigen Augenblick wieder loslassen zu können. Irgendwann spürte er, dass dieses Thema in seinem Leben nun erledigt war. Ein anderes Symbol trat an die Stelle des bisherigen.

Manchmal dauert es eine Weile, bis wir das neue Symbol erkennen. Der Verstand allein hilft uns wenig, wenn es darum geht, unser persönliches Symbol zu finden. Je mehr wir auf unsere Intuition vertrauen, umso sicherer gestaltet sich der Umgang mit lebensbegleitenden Symbolen. Wie von selbst fallen sie uns dann zu, weil wir unsere Aufmerksamkeit für die Begegnung mit ihnen öffnen. Es ist das Gleiche wie mit den Zufällen: Je mehr wir auf sie achten, umso häufiger begegnen sie uns.

Kraft- und Schutzsymbole mit in den Schlaf hineinnehmen und sie im Schlaf empfangen

Viele Menschen nehmen ihr persönliches Kraft- oder Schutzsymbol nachts mit hinein in den Schlaf. Nachts, wenn die Fülle der Tagesreize nicht mehr auf uns einprasselt, sind wir offen für die Kraftwirkung der

Symbole. Deshalb ist es günstig, wenn Sie abends Ihr persönliches Symbol anschauen und es sich vor dem Einschlafen in entspanntem Zustand vor ihrem inneren Auge noch einmal vorstellen. Die Erfahrung zeigt, dass dann die Kraft eines Symbols am besten in unser Unbewusstes dringt und dort wirken kann.

Teil 2:
Symbole der Kraft –
ihre Bedeutung

In diesem zweiten Teil des Buchs finden Sie eine Auswahl der wichtigsten Kraft- und Schutzsymbole zusammengestellt. Natürlich kann diese Auswahl nicht vollständig sein. Denn es gibt fast so viele Symbole, wie es Wörter in unserer Sprache gibt oder Blätter an einem Baum.

Die hier getroffene Auswahl berücksichtigt vor allem solche Symbole, die sich im Laufe ihres langen Umgangs mit den Menschen als Kraft und Schutz gebend bewährt haben. Aber es sind auch eine Reihe moderner Symbole darunter, die Menschen unserer Zeit oft auf eigenartige Weise ansprechen. Die hier beschriebenen Symbole möchten Anregungen und Hilfen beim Begreifen ihrer Wirkung geben. Sie sind gleichsam als Startbasis gedacht. Wer von dieser Basis aus in die Welt der Symbole aufgebrochen ist, dem eröffnen sich immer neue Begegnungen, die niemals im Leben mehr enden.

Als Orientierungshilfe ist dieser Teil des Buchs in neun Untergruppen gegliedert. Je nachdem welches konkrete Ziel Sie durch den Umgang mit Symbolen erreichen möchten, wird Ihnen auf diese Weise die Suche und Auswahl erleichtert. Mehr kann und will diese Ordnung nicht leisten.

Das Zusammenfassen der Symbole in einzelnen Kapiteln, zum Beispiel ‚Bilder der Kraft' oder ‚Bilder der Heilung', ist jeweils nach der wichtigsten Bedeutung jedes Symbols geschehen. Da Symbole häufig mehrere Bedeutungen haben, mussten andere Bedeutungen zwangsläufig zurücktreten. Denn jede Ordnung schließt eine andere vielleicht ebenso berechtigte Ordnung aus.

Innerhalb der einzelnen Kapitel sind die Symbole an einigen Stellen inhaltlich so zusammengefasst dargestellt, wie sie von ihrer Bedeutung her zusammengehören. Das trifft zum Beispiel für Begriffe wie ‚Wasser, Brunnen, Quelle, Regen' oder ‚Abendmahl, Mahlzeit, Nahrungsmittel, Brot, Brot und Wein' zu. Doch nicht überall bestehen solche Zusammenhänge. Deshalb enthält der Text mit dem Zeichen → versehene Hinweise auf verwandte Symbolbegriffe. Und am Schluss des Buches finden Sie ein alphabetisches Verzeichnis aller in diesem Buch dargestellten Symbole, das die Orientierung erleichtert.

Bilder, die zu innerer Ruhe führen

Am Meer

Das Meer ist ein Symbol für das Unbewusste. Wo nicht persönliche Erinnerungen überwiegen, verkörpert es meist das Kollektive Unbewusste, denn unter seiner spiegelnden Oberfläche verbergen sich ungeahnte Tiefen. Nach C. G. Jung ist das Meer ein beliebter Ort für das Entstehen von Visionen, für Einbrüche unbewusster Inhalte. Wer sich öfters am Meer aufgehalten hat, kennt dieses dort weit stärker als an anderen Urlaubsorten auftretende Gefühl, Abstand zu den Dingen des Alltags zu gewinnen und auf besondere Weise mit den Naturgewalten in Einklang zu sein.

Die Faszination des Meeres verändert sich ständig wie sein Zustand. Das Meer ist jeden Tag anders und neu in seiner ganzen Bandbreite zwischen Sturm und Stille. Im Meer ist Weite und eine Tiefe, wie sie vom Unbewussten ausgeht. Kein Wunder, dass die Menschen es seit alter Zeit mit allerlei Naturwesen bevölkert sehen: mit Meerjungfrauen, Sirenen, Loreleien und Undinen, die mit ihrem verlockenden Gesang den Seefahrern Gefahr bedeuten, sie in die Tiefen des Unbewussten herabzuholen.

Wer auf der Symbolebene am Meer entlang geht, der bewegt sich innerlich am Rande seines persönlichen Unbewussten. In solchen Situationen geschieht oft in der Vorstellung wie in der Wirklichkeit etwas Neues, das für die ganze Persönlichkeit von tief greifender Bedeutung sein kann.

Im Wald – auf einer Lichtung – am Waldrand

Sehr lange liegt die Zeit noch nicht zurück, als Wälder noch einen großen Teil unserer heimatlichen Wohngebiete bedeckten. In den Volksmärchen ist der Wald ein Bild für die Welt, in die der junge Mensch auszieht, um alle ihre Geheimnisse zu ergründen und den eigenen Weg durch das Leben zu finden. Die Märchen sind die Träume der Völker. So verwundert es nicht, dass der Wald auch in unseren Ahnungen und Träumen eine entscheidende Rolle spielt. Seelische Vorgänge, die sich nicht allzu weit von der vom Ich beherrschten Sphäre abspielen, finden auf der Symbolebene oft im Wald statt. Denn im Wald herrscht bald grüne leuchtende Dämmerung, bald die Dunkelheit des Unbewussten, in die noch kein Licht der Erkenntnis gedrungen ist.

Im Wald leben vielfältige Wesen: harmlose, aber auch gefährliche versammeln sich dort. Und vielleicht werden sie irgendwann einmal in die taghellen Bezirke unserer Seelenlandschaft treten. Im Wald entspringen verborgene Quellen, aus denen sich unsere Lebenskraft speist. Hirsch, Reh und Bär leben darin, aber – entgegen der geografischen Realität – auch Tiger, Elefanten, Wolf, Löwe und Schlangen, die den Wanderer erschrecken und ihm bedrohlich erscheinen.

In den Wald haben sich manchmal die Räuber zurückgezogen: primitive, urtümliche Anteile unserer Persönlichkeit, asozial manchmal und brutal. Kinder werden im Wald ausgesetzt. Sie verkörpern oft Möglichkeiten, die wir nicht leben durften. Schöne Mädchen oder Frauen wohnen im Wald – verfolgt und bedroht, wenn unsere Beziehung zu ihnen nicht in Ordnung ist. Mancher begegnet ihnen auf der Symbolebene auch in Gestalt von Hexen oder Riesen bzw. Riesinnen, die auf einer frühen Kulturstufe stehen.

Paracelsus forderte die Menschen auf, an die einsamen Orte zu gehen, um dort von den ‚Elementargeistern' zu lernen. Er selbst suchte immer wieder den Kontakt zu den Kräuterweibern, Zigeunern, Schwarzkünstlern, Landfahrern, alten Bauersleuten und anderen wenig geachteten Leuten. Von ihnen lernte er, so betont er immer wieder in seinen Schriften, weit mehr über das Leben als von allen Gelehrten an den Universitäten.

Wer sich im Wald zurechtfinden will, schlägt Schneisen durch das Dickicht, trinkt aus den Quellen, spricht mit den Tieren, den Zwergen, Riesen und all den Wesen, die ihm dort begegnen. Denn keines von ihnen begegnet ihm ohne Grund. Sie alle sind Anteile unserer eigenen Persönlichkeit: Das Reh kann Ausdruck übermäßiger Schüchternheit sein, der Wolf eher Symbol für die Gier und Rücksichtslosigkeit bei der Durchsetzung der eigenen Interessen nach dem bekannten Motto: Der Mensch ist des Menschen Wolf – fressen oder gefressen werden, ein im modernen Berufsleben unserer Gesellschaft zunehmend verbreitetes, akzeptiertes Verhalten.

Niemand bleibt auf die Dauer im Wald. Irgendwann ist die Zeit der Begegnung mit innerpsychischen Inhalten abgelaufen. Die Rückkehr in die Tatwelt steht an. Doch wer die Auseinandersetzung mit den Waldwesen erfolgreich hinter sich gebracht hat, der ist imstande, angstfreier und wirkungsvoller in der realen Welt zu handeln. Mut, Entschlossenheit, Tatkraft führen jetzt zum Erfolg.

Eine *Waldlichtung* ist ein Ort, an dem die sonst meist im Verborgenen lebenden Bewohner des Waldes in Erscheinung treten. Lichtungen in den Wäldern bei Vollmond sind seit alter Zeit Orte, an denen Elfen und allerlei Naturwesen tanzen. Bei den Kelten und Germanen galten sie als heilige Orte.

Der *Waldrand* verkörpert die Grenze zwischen unserem Alltagsbewusstsein und der Welt der Träume, Ahnungen und Fantasien. Wer sich tief entspannt das Bild eines Waldrandes vorstellt, der kann erleben, wie aus dem Dunkel des Waldinneren zwischen den Bäumen allerlei Tiere oder Elementarwesen hervortreten, die in jedem Fall eine stark symbolhafte Beziehung zu demjenigen haben, der sie erlebt. So kann es beispielsweise geschehen, dass ein schüchternes junges Mädchen ein Reh aus dem Wald hervortreten sieht. Oder eine Frau, die gern den Beruf einer Heilpraktikerin erlernen möchte, aber noch von Zweifeln über die Richtigkeit ihres Entschlusses geplagt ist, erlebt eine weiße Schlange, die sich ähnlich der auf dem Äskulapstab abgebildeten Heilschlange an einem Ast emporwindet.

Auf einer Insel

Inseln der Seligen sind in vielen Kulturen unerreichbare Glücksländer. Sie gelten als Symbole für eine Art von Paradies im Jenseits. Man verband sie aber durchaus auch mit konkreten geografischen Orten auf dieser Erde. Die klassische Antike berichtet von „Glücklichen Inseln", zu denen auserwählte Verstorbene nach ihrem Tode gelangen. Plutarch (etwa 50-125 nach Christus) beschreibt solche Inseln, die sehr stark an die Kanarische Inselgruppe erinnern: „Regen fällt dort selten, und wenn er fällt, dann mit Maß. Es gibt meist laue Winde, die dann so reichlich Tau spenden, dass der Boden von selbst die beste Frucht in solchem Übermaß hervorbringt, dass die Bewohner nichts anderes zu tun haben, als sich dem Genuss des Ausruhens hinzugeben. Die Luft ist immer angenehm..." Plutarchs Schilderung könnte fast aus einem modernen Reiseprospekt stammen.

Von paradieshaften Fabelländern erzählen auch die Mythen der Kelten, vor allem aus Irland. Lange Zeit vor der christlichen Missionierung beschreiben sie eine Reihe von glückseligen Paradiesinseln und den Weg über das Meer dorthin so konkret, als ob sie den Seeweg nach Amerika lange vor Columbus bereits gekannt hätten. Jenseitige Glücksinseln kennen auch die nordamerikanischen Indianer. Bei ihnen sind sie symbolhaft mit der Quelle ewiger Jugend oder mit dem Schlaraffenland verbunden.

Die Insel ist für uns aber auch ein Ort der Einsamkeit, der Zurückgezogenheit und der Isolation. Wer sich dorthin zurückzieht, braucht Ruhe, Abstand vom Getümmel, vom Alltagsstress.

Wer auf eine Insel reist, „ist reif für die Insel" – nicht nur, weil seine Nerven blank liegen, sondern auch, weil er die Abgeschiedenheit einer Insel auszuhalten bereit ist. Die Insel ist umgeben vom Meer aus psychischer Energie. Wer am Rand zwischen Land und Meer entlanggeht, der bewegt sich auf der Grenze zwischen Unbewusstem und Bewusstsein: Ein Balanceakt manchmal, nicht ungefährlich, weil man sich leicht zum Meer des Unbewussten hin verlieren kann. Aber wer von der Insel zurückkehrt, ist voll neuer Tatkraft und Energie. Kreativität braucht eine Insel aus Zurückgezogenheit, um sich entfalten zu können.

Am Ufer des Flusses (Bach)

Die großen Flüsse, Ganges, Nil, Euphrat-Tigris, Indus und Hoangho sind Leitlinien für die Geschichte der Menschheit. An ihnen entstanden vor rund 5000 Jahren die großen Kulturen der Alten Welt. Von seiner Symbolbedeutung her ist der Fluss ein anderes Wasser als das Meer, das oft eher statisch wirkt. Durch sein Strömen und seine Überschwemmungen wirkt der Fluss dagegen meist dynamisch verändernd. „Niemand kann zweimal in den gleichen Fluss steigen“, sagt ein altes Sprichwort.

Flussgötter wohnten in den Flüssen, Mischwesen aus Mensch und Tier. Und sie erwarteten Opfer, die man ihnen auch gab, um Unheil von den Menschen abzuwenden.

Vor allem in Indien lebt die Vorstellung, der heilige Strom Ganges reinige die Menschen von ihren Verfehlungen: „So wie das Feuer Brennholz verzehrt, so verzehrt der Ganges die Sünden.“ Die Symbolbedeutung von der reinigenden Kraft des Wassers ist auch in der christlichen Taufe gegenwärtig: Jesus wurde im Fluss Jordan getauft.

Ein Bach oder ein Fluss ist in der Symbolsprache häufig Ausdruck für den „Strom des Lebens“. Die Fahrt auf dem Fluss, in einem Boot oder einem Schiff, lässt sich als Vergleich mit der Lebensreise verstehen.

Man kann an seinen Ufern entlanggehen, den Weg des Flusses oder Baches durch die Landschaft begleiten, Hindernisse, Stauungen, Stromschnellen verfolgen. Selbst der Zustand der Ufer gibt oft wertvolle Aufschlüsse: Sind die Uferzonen betoniert, so kann darin ein Hinweis auf seelische Verhärtungen und Verkrustungen liegen. Ist das Wasser des Baches oder Flusses klar oder trüb? Fließt es träge oder kraftvoll? Alle solche Einzelheiten gelten auf der Symbolebene als Ausdruck für den Zustand der Lebensenergie.

Brücke

Die Brücke ist ein Symbol des Übergangs, zum Beispiel über das Wasser, welches die diesseitige und die jenseitige Welt voneinander trennt. Sie ersetzt den Fährmann, der in etlichen alten Kulturen die Seelen über den Fluss geleitet. In den nordischen Mythen zittert die Brücke, wenn ein nicht Verstorbener seinen Fuß darauf setzt. Ein Wächter schützt sie. Mit seinem Horn gibt er Warnsignale, wenn feindliche Scharen sich nähern.

Das Überschreiten der Brücke zwischen der Alltagswelt und der Anderwelt ist ein so einschneidendes Ereignis, dass ein Brückenbauer notwendig ist, um beide Bereiche zur Kommunikation zu veranlassen. Das lateinische Wort pontifex für Brückenbauer bedeutet zugleich Priester. Beim Bau von Brücken mit ihrer tiefen symbolischen Bedeutung mussten Opfer erbracht werden. Im alten Rom warf man Binsenpuppen in den Tiber, wenn eine neue Brücke gebaut wurde. In Österreich gibt es bis in unsere Zeit Brückenbauer, die ein Geldstück als Opfer in neu errichtete Brücken einmauern.

Der Regenbogen und die Milchstraße am Himmelszelt gelten als Brücken zur jenseitigen Welt. Im Islam kennt man das Symbolbild einer Brücke, die so schmal ist wie die Klinge eines Schwertes. Nur wer ohne Sünde ist, kann sie überschreiten. Ähnliche Motive gibt es bei den Indianern Nordamerikas. Bei ihnen bildet ein schmaler Holzbalken die Brücke zur Anderwelt. Ein Brückengott schützt oftmals Flussübergänge vor Krankheit bringenden Dämonen. Im christlichen Kulturraum hat →*Christophorus*, einer der 14 Nothelfer, vielfach diese Schutzfunktion übernommen.

Brücken verbinden nicht nur, sondern sie stellen in symbolischem Sinn auch den Übergang in eine neue Daseinsform dar. Dieser Übergang kann nur gelingen, wenn bestimmte Rituale ihn begleiten.

Welche Kraft in dem Symbol Brücke steckt, zeigen zahlreiche Redewendungen in unserer Sprache noch immer, zum Beispiel „jemandem goldene Brücken bauen", „alle Brücken hinter sich abbrechen", „einen Brückenschlag suchen" oder „jemandem eine Eselsbrücke bauen" (das bedeutet, jemandem einen Weg zeigen, den selbst ein Esel finden würde).

Eine Brücke über den Fluss weist oft auf die Möglichkeiten hin, wie sich bestehende Schwierigkeiten überbrücken lassen. Dabei kann es sich um Möglichkeiten einer ins Stocken geratenen Kommunikation handeln, ebenso aber auch um die Wiederaufnahme von Beziehungen privater oder beruflicher Art. Wer über die Brücke geht, gelangt in eine neue Welt und bricht oft alte Beziehungen hinter sich ab. Der Mut zum Überqueren der Brücke lohnt sich fast immer, so verständlich die Angst vor dem Unbekannten ist, das uns im Land hinter der Brücke erwartet.

Einsiedler

Der Einsiedler ist Symbol für ein von der Welt abgewandtes Leben, das auf Kommunikationsverzicht aufgebaut ist. Einsiedler wenden sich meist aus religiöser Überzeugung vom äußerlichen Treiben der Welt ab und führen ein einfaches Leben in mönchischer Lebensform, das von Gebet, Meditation und Fasten bestimmt ist. Einsiedler lebten früher oft in der Wüste in Felshöhlen. In Mitteleuropa bauten sie sich ihre Klausen im Wald, um das Alleinsein mit Gott anzustreben. Häufig verfügten sie über visionäre Fähigkeiten und Segenswirkungen auf Menschen, die bei ihnen Rat suchten. Sagen und Legenden erzählen von der Wunderkraft, die solche Einsiedler durch ihr meditatives, weltabgewandtes Leben erlangten. Einsiedler sind nicht nur aus dem christlichen Raum bekannt, sondern es gibt sie ebenso in Indien und in anderen Ländern Asiens. Abgeschieden von der lärmenden Welt streben sie Erleuchtung auf dem Weg über die Meditation an. Auch Jesus führte zeitweise das Leben eines Einsiedlers. Und Gautama Buddha verbrachte lange Zeit in der Abgeschiedenheit fern vom Weltgetriebe, bevor er seine Lehrtätigkeit begann.

Tiefenpsychologisch kann das Symbol des Einsiedlers auf die Neigung zu einer einfachen, meditativen Lebensweise hindeuten. Meist ist es als Hinweis auf freiwillige Zurückgezogenheit zu verstehen, aus der neue Kraft und neue Ideen entstehen.

Taube

Die Taube ist bis in unsere Zeit hinein ein bedeutsames Symbol für Frieden, Gewaltlosigkeit und für Zärtlichkeit. Sie gilt auch als Inbegriff von Sanftmut und Liebe. Die Friedensbewegung hat sie als ihr Symboltier gewählt.

Die alten Griechen verehrten die Tauben als heilige Vögel der Aphrodite. Auch gab es bei ihnen weissagende Priesterinnen, die man als Tauben bezeichnete. Bei den Juden galt die Taube als bevorzugtes Opfertier vor allem in ärmeren Bevölkerungskreisen.

In der Bibel ist die Taube ein Hoffnungssymbol, denn sie bringt Noah einen Ölzweig in die Arche und kündigt damit das Ende der Sintflut an. Als Jesus im Jordan getauft wird, schwebt eine Taube über seinem Haupt (Matth. 3, 16). Sehr viele christliche Darstellungen zeigen den Heiligen Geist in Gestalt einer Taube. Die Taube verkörpert auch die Tugend der Mäßigung. Sie wird vielen Heiligen zugeordnet, zum Beispiel Theresa von Avila, Gregor, Thomas von Aquin, vor allem aber dem irischen Mönch und Heiligen Columbanus, dessen Name die lateinische Bezeichnung columba für Taube enthält.

In Indien gilt die Taube als Seelenvogel. In China verköpert sie das Symbol für Treue unter Ehegatten und für langes Leben, denn Tauben treten auffallend häufig paarweise auf. Männchen und Weibchen teilen sich die Brutpflegeaufgaben. Die Taube ist auch ein Symbol für Fruchtbarkeit.

In ihrer tiefenpsychologischen Bedeutung gilt die Taube häufig als Symbol für schöpferische Gedanken, die aus der geistigen Verbundenheit zwischen zwei Menschen entstehen. Die Taube kommt aber auch hier als Friedenssymbol oder als Zeichen einer persönlichen, friedlichen Vereinigung durch Liebe vor.

Bilder, die Orientierung geben

Mandala

Ursprünglich bedeutete Mandala soviel wie Kreis. Doch daraus entwickelten sich kompliziertere Darstellungen. Die buddhistischen Mönche in Indien und Tibet benutzten sie als Meditationshilfe. Meist sind solche Mandalabilder gezeichnet und gemalt. Aber sie finden sich auch architektonisch ausgeformt in Tempelanlagen. Kreise sind darin kombiniert mit Quadraten als spirituelle Abbilder der Weltordnung. Wie bei einer Zielscheibe ist dabei beabsichtigt, den Geist auf ein Zentrum hin zu orientieren. C.G. Jung nennt das die „Einengung des psychischen Blickfeldes“. Man strebt sie an, um die Aufmerksamkeit auf geistige Inhalte und intuitive Erkenntnisse hinzulenken. Sie sollen auf diese Weise verinnerlicht und in der Psyche verankert werden.

Im Mittelpunkt der Mandalas stehen unterschiedliche Symbole, zum Beispiel die endgültige Vereinigung des männlichen und weiblichen Urprinzips (Shiva-Shakti). Eigenartigerweise kommen Mandalas auch in den alchemistischen Symbolbildern aus dem Mittelalter in unserer Kultur vor, ohne dass sich ein Zusammenhang zu den asiatischen Meditationshilfen herstellen lässt.

Die moderne Tiefenpsychologie fasst die Mandala-Symbole als Urprägeformen (Archetypen) auf. Solche Symbole können auch bei Menschen, die nie zuvor Mandalas kennen gelernt haben, im Verlauf eines seelischen Reifungsprozesses plötzlich in ihren Träumen, Visionen oder bei freiem künstlerischen Gestalten auftreten. Sie gelten als Symbole der Versenkung und der Verinnerlichung nach chaotischen Lebensphasen. Sie fördern eine innere Aussöhnung, enthalten eine Idee des seelischen Wesenskerns und führen hin zur Ganzheit der Persönlichkeit.

C. G. Jung erkannte als Erster die volle Bedeutung der Mandalas als Ordnungszeichen in unseren Träumen. Mandalas sind Bilder, in denen Kreis und Quadrat eine wichtige Rolle spielen. Sie sind Ordnungszeichen und enthalten den Versuch, die unauflösbare Spannung zwischen dem Runden und dem Eckigen, zwischen Kreis und Quadrat, zwischen dem Männlichen und dem Weiblichen, zwischen Yin und Yang, auf einen Nenner zu bringen. In den Träumen treten Mandalas häufig in Zusammenhang mit krisenhaften Situationen auf, wenn unser Leben von Verwirrung und Ratlosigkeit bestimmt ist. Mandala-Bilder helfen dabei, sich an einer festen Ordnung zu orientieren.

Steinkreise – indianische Medizinräder

Eine besondere Form von Mandalas (→*Mandala)* sind die *Steinkreise* und die *indianischen Medizinräder*. Hoch oben in den Bergen Nordamerikas und in den Prärien des einstmals Wilden Westens heben sich vom steinigen Untergrund noch heute die Umrisse zahlreicher indianischer Medizinräder ab. Die größten erreichen einen Durchmesser von 250 Metern. Bei einigen beträgt der Durchmesser nur ein bis zwei Meter. Insgesamt gibt es dort in den Hochebenen rund 50 Steinkreise.

Alle diese Räder sind nach dem gleichen Grundmuster gebaut: Schmale Steinreihen bilden Felge, Nabe und mehrere Radspeichen.

Historiker vermuten, dass die Prärieindianer etliche dieser Medizinräder bereits zu Anfang des 12. Jahrhunderts bauten. Aber sicher ist das nicht.

Letztlich ungeklärt ist bis heute auch der eigentliche Zweck dieser Räder. Ähnlich wie bei den Steinheiligtümern in Europa vermuten einige Forscher, dass die Steinräder astronomischen Beobachtungen dienten. Unklar ist aber, wozu die Prärieindianer den Himmel beobachtet haben könnten. Ackerbau betreibende Stämme hätten vielleicht die Wachstumszeiten nach dem Stand der Sterne bestimmen können. Aber die Prärieindianer lebten als Nomaden von der Büffeljagd. Tatsache ist: Die Steinräder sind exakt an den *Himmelsrichtungen* orientiert. Sie sind so ausgerichtet, dass man in der Verlängerung der Ost-West-Speichen am Tag der Sommersonnenwende genau die aufgehende und die untergehende Sonne erkennen kann.

Sehr wahrscheinlich dienten die Medizinräder kultischen Zwecken, die sich zum Teil bis heute in der Tradition ihrer Nachfahren erhalten haben. Bis heute benutzen Indianer die Arbeit mit dem Steinkreis als Entscheidungshilfe bei allen wichtigen Problemen.

Ihre Symbolbedeutung liegt darin, dass sie Ordnungszeichen mit hohem Rang sind, die den Menschen, ähnlich wie Mandalas, Orientierung geben.

Die vier Himmelrichtungen

Die Symbolbedeutung der einzelnen *Himmelsrichtungen* unterscheidet sich stark voneinander.

Der Osten entspricht dem Element Luft, dem Geist, der Morgendämmerung, dem Frühling, dem Adler, den hoch fliegenden Vögeln und der Macht zu wissen (→ *Der Adler in den Lüften*). Ihm zugeordnet sind die blassen, luftigen Farben wie Weiß und Violett.

Der Süden entspricht dem Element Feuer, der Energie, dem Mittag und Sommer, dem Löwen (→*Löwe*), der Macht und der Willensstärke. Seine Farben sind feuriges Rot und Orange (→*Farben*).

Der Westen entspricht dem Element Wasser (→*Wasser – Brunnen – Quelle – Regen)*, den Gefühlen, dem Zwielicht, dem Herbst, den Seeschlangen, Delphinen und Fischen, dem Mut zum Wagnis, uns unseren tiefsten Gefühlen zu stellen. Seine Farben sind Blau, Grau, Tiefpurpur und Meergrün.

Der Norden gilt als besonders kraftvolle Himmelsrichtung. Da die Sonne ihn niemals erreicht, ist er die Richtung des Unsichtbaren, des Mysteriums. Der Norden entspricht dem Element Erde (→*Erde)*, dem Dinglichen, der Mitternacht, dem Winter. Vom Norden kommt die Kraft stillzuschweigen, zuzuhören, Geheimnisse zu bewahren, das Unsagbare zu wissen. Die Farben des Nordens sind Braun, Schwarz und das Grün der Vegetation (→*Farben)*.

Das Kreuz

Das Kreuz ist eines der ältesten Symbole in der Geschichte der Menschen. Es kommt in ähnlicher Form in vielen verschiedenen Kulturen vor, selbst dort, wo diese niemals miteinander in Kontakt gestanden haben. Bei den alten Ägyptern findet es sich ebenso wie bei den Azteken. Das Kreuz ist ein Ursymbol, das dem Menschen die Chance ermöglicht, sich in Raum und Zeit zu orientieren.

Darstellungen des Weltbildes sind in vielen Kulturen in der Form des Kreuzes angelegt. Es entspricht der Menschengestalt mit ausgestreckten Armen und stellt ein Ganzheitssymbol dar. Wie der Kreis ist das Kreuz Grundelement vieler Mandala-Meditationsbilder (→*Mandala*). Die Grundrisse vieler Kirchen und Tempel bilden die Form eines Kreuzes. Im Kreis der Jahreszeiten stellt das Kreuz die vier Abschnitte dar. Es teilt den Erdkreis in vier Himmelsrichtungen (→*Die vier Himmelsrichtungen*). Mit seinem senkrecht stehenden Balken verbindet es Himmel und Erde, der waagerechte Balken gilt als die Weltachse.

In der Symbolik afrikanischer Völker bilden Wegkreuzungen oft Schnittstellen zwischen den Lebenden und den Toten. Dort bannt man Geister, die unschlüssig sind, welchen Weg sie einschlagen könnten.

Im Christentum ist das Kreuz zunächst einmal ein Symbol für das Leiden und Sterben Jesu. Durch die Auferstehung wurde es zum Symbol des Triumphs über den Tod und zum Sinnbild für das ewige Leben.

In der tiefenpsychologischen Symbolik lässt sich das Kreuz häufig als Richtungs- und Ordnungszeichen verstehen. Oft drückt sich im christlichen Kulturbereich in diesem Symbol aber auch der Gedanke an Opfer aus, die erbracht werden müssen, etwa im Sinne der Redensart „sein Kreuz auf sich nehmen".

Der Spiegel

Der Spiegel ist ein Symbol von ungewöhnlicher Vieldeutigkeit und Faszination. Alte Volksbräuche gehen davon aus, dass Spiegel über magische Eigenschaften verfügen: Sie können die Seele und die Lebenskraft des gespiegelten Menschen festhalten. Deshalb verhängte man beim Tode eines Menschen den Spiegel, um seiner Seele den Übergang in die Anderwelt zu erleichtern und sie nicht im Sterbezimmer festzuhalten.

Dämonen und übernatürliche Wesen erkannte man daran, dass sie kein Spiegelbild haben. Teufel ertragen den Anblick ihres eigenen Spiegelbildes nicht. Deshalb nutzte man Spiegel als Amulette, die vor dämonischen Kräften schützen.

Spiegelnde Wasserflächen dienten schon bei den Kelten und Germanen als Hilfe beim Wahrsagen, weil sie den Kundigen einen Blick in die Anderwelt ermöglichten. Auch bei den Azteken spielten Spiegel eine Rolle bei religiösen Ritualen, wenn es darum ging, Visionen hervorzurufen. Bei den Japanern gibt es einen heiligen Spiegel in der Form einer achtblättrigen Lotosblüte. Ihn gibt man nach einer geheimen Tradition jedem neuen Kaiser in die Hand.

In unserer Kultur ist die Symbolbedeutung des Spiegels unterschiedlich. Der Spiegel findet sich in der Hand von Sirenen, welche die Menschen ins Verderben locken. Er steht auch in Verbindung mit Eitelkeit und Wollust. Auf der anderen Seite gilt er auch als Hilfe zur Selbsterkenntnis und als Symbol für Wahrheit und Klugheit. Außerdem ist der Spiegel ein Mariensymbol, weil sich Gott in der Jungfrau Maria durch sein Ebenbild Jesus spiegelt, ohne den Spiegel selbst zu verändern. Auf ähnliche Weise gilt der Mond als Mariensymbol, denn er spiegelt das Licht der Sonne. Die ganze Schöpfung sah man als Spiegelbild Gottes.

Im Volksmund bezeichnet man die Augen als Spiegel der Seele. Ein heller Spiegel gilt als Zeichen für Eheglück, ein zerbrochener deutet auf Scheidung oder sieben Jahre dauerndes Unglück hin. Dunkle Spiegel, die das eigene Bild nicht zeigen, gelten in der Traumsprache als Unglücks- oder Todeszeichen.

In der östlichen Mystik sah man den Spiegel als Symbol des Herzens, das die Lichtstrahlen der Göttlichkeit voll reflektiert, wenn es blank und rein ist. Häufig ist der Spiegel auch Symbol für die Natur, die sich scheinbar passiv verhält und nur dem Gesetz übermenschlicher Weisheit folgt. In der Literatur ist das Motiv des Spiegels vielfacher schöpferischer Anlass: Von Menschen wie Narziß, die sich in ihr Spiegelbild verlieben, reicht ein breites Spektrum bis hin zu jenen, die ihr Spiegelbild verkaufen. Von Lewis Carolls Buch „Alice hinter den Spiegeln“ bis hin zu Jean Coctaus modernem „Orphée“ spiegelt sich das Motiv „Spiegel“ in seinen vielfältigen Möglichkeiten.

Die tiefenpsychologische Symboldeutung knüpft an die volkstümliche Rolle des Spiegels an. Er gilt hier meist als Symbol für Selbstbetrachtung und Selbsterkenntnis. Menschen, die sich lange im Spiegel ansehen, spüren fasziniert etwas Lähmendes. Nicht jeder hält den eigenen Anblick aus. Manche, wie Narziß, kommen sich durch das Anschauen ihres Spiegelbildes selbst abhanden. Andere wieder finden nach erschöpfender Wanderung erst wieder zu sich selbst, wenn sie in den Spiegel geschaut und sich so von ihrem tatsächlichen Vorhandensein überzeugt haben.

In den Märchen hat der Spiegel meist magische Bedeutung. Er zeigt verborgenes und künftiges Geschehen. Im Traum hat er häufig die Bedeutung eines Seelenspiegels. Er weist den Träumenden auf seine unbewussten Schattenseiten hin, die für ihn unter Umständen erschreckend sein können. So sah ein etwa 50-jähriger Mann im Traum das Bild eines großen Spiegels. Er schaute zunächst in den Spiegel und ging dann durch den Spiegel hindurch wie durch eine Tür. Er gelangte in einen unendlich großen dunkelblauen Raum, dessen Grenzen er nirgends erkennen konnte. Ein Skarabäus ging vor ihm her, als ob er ihm den Weg zeigen wollte. Der Träumende hatte selbst den Eindruck, in seinem Traum einen Schritt weit hinein in die Unendlichkeit des Alls getreten zu sein. Dieser Schritt löste zunächst Angst in ihm aus, die sich erst legte, als er begann, dem Skarabäus zu folgen. Der Skarabäuskäfer galt übrigens schon im alten Ägypten als sonnenhaftes Tier und als Symbol für Auferstehung, Unsterblichkeit und schöpferische Kraft (→*Skarabäus, Käfer*).

Das Auge und das Sehen

Die Fähigkeit, sich durch Sehen in der Welt orientieren zu können, war in früheren Zeiten für das Überleben absolut notwendig. Nach alter Vorstellung ist das Auge nicht nur ein empfangendes Organ, das Reize aus der Umwelt aufnimmt, sondern es kann ebenso selbst Kraft ausstrahlen. Daher gilt es auch als Symbol für spirituelle Ausdrucksfähigkeit. Der „böse Blick", ausgesandt von Menschen mit magischer Kraft, konnte andere wehrlos machen oder ihnen Schaden zufügen. Man setzte schützende Amulette dagegen ein. Die alten irischen Heldensagen berichten von einem König, der mit der Kraft seines „bösen Blickes" seine Gegner auf dem Schlachtfeld besiegte.

In vielen Kulturen, vor allem im alten Ägypten, gilt die Sonne als göttliches Auge. Auf christlichen Darstellungen ist das Auge ein Symbol für die Gegenwart Gottes, der alles sieht. Manchmal ist dieses Auge von Sonnenstrahlen oder von einem Dreieck umgeben, dessen Spitze nach oben deutet.

Sehen ist immer auch im Sinne geistigen Erkennens zu verstehen. Abbildungen von Engeln zeigen oft Augen auf den Flügeln als Ausdruck ihrer Weisheit.

Blindheit schrieb man der Glücksgöttin Fortuna zu, denn sie verteilt ihre Geschenke scheinbar wahllos nach dem Zufallsprinzip. Mit verbundenen Augen stellte man fast immer Justitia dar, weil Gerechtigkeit ohne Ansehen der Person geübt werden soll.

Für Hildegard von Bingen (1098-1179) hat das Auge vielfache Symbolbedeutung: Die Augen, die so vieles erblicken, weisen auf die Sterne am Himmel hin, die überall leuchten. Ihr Weiß verkörpert die Reinheit des Sternenhimmels, ihre Klarheit den Glanz, die Pupille die Sterne am Firmament.

In der indischen Kultur geht man von der Existenz eines dritten Auges auf der Stirn aus. Es wird als Zeichen der übernatürlichen Kraft des Schauens und der Erleuchtung gedeutet und findet sich auf vielen Abbildungen.

Bei fossilen Reptilien hat man tatsächlich ein drittes Auge gefunden. Bei der neuseeländischen Brückenechse (Hatteria) ist es noch heute in Ansätzen vorhanden. In der griechischen Mythologie gab es Riesen, die Kyklopen, mit einem einzigen runden Auge auf der Stirn.

Im Volksmund ist das Auge der Spiegel der Seele. Es gilt auch als das Fenster zur Welt. In seiner tiefenpsychologischen Bedeutung hat das Auge den Charakter eines Bewusstseinsorgans. Mit seiner Hilfe nehmen wir die Welt wahr. Symbole, in denen das Auge oder das Sehen eine Rolle spielt, geben oft Aufschluss darüber, wie wir die Realität sehen. Ist die Sehfähigkeit behindert, so informiert dieses Bild oft darüber, dass man ein bestimmtes Problem oder die Problematik der eigenen Lebensführung insgesamt nicht richtig sieht.

Das Ohr und das Hören

Das Ohr galt seit der Antike als wichtiges Organ und als Sitz des Gedächtnisses. Von etlichen Göttern und Helden heißt es, sie seien aus dem Ohr ihrer Mutter geboren. Christliche Darstellungen aus dem frühen Mittelalter zeigen, wie der Heilige Geist in Gestalt einer Taube in das Ohr der Jungfrau Maria eindringt.

Bei vielen Naturvölkern galten stark verlängerte Ohrläppchen als Symbol für Vornehmheit und Verdienste. Deshalb durchstach man die Ohrläppchen und hängte Goldgehänge, Jadepflöcke, Holzscheiben oder anderen Schmuck daran: eine Sitte, die auch bei uns bis heute angewandt wird.

Die spanischen Eroberer bezeichneten die Vornehmen des eroberten Inkareichs als Großohrige.

Volkstümliche Redensarten wie „sich etwas hinter die Ohren schreiben“, „bis über beide Ohren verliebt sein“, „jemanden übers Ohr hauen“ „es faustdick hinter den Ohren haben“ oder „die Ohren spitzen“ zeigen die Bedeutung, die man den Ohren und der Fähigkeit zu hören gab. Wenn jemandem die Ohren klingen, so galt das in der Antike als Zeichen einer göttlichen Eingebung. Heute gilt es eher als Zeichen, dass andere in Abwesenheit desjenigen, dem die Ohren klingen, über ihn reden – und zwar nicht unbedingt Gutes.

In der tiefenpsychologischen Symbolik deuten Bilder von aufmerksam lauschenden Ohren, ohne dass gleichzeitig Geräusche wahrnehmbar sind, oft darauf hin, dass sich jemand intensiv mit der eigenen Person beschäftigt. Er/sie horcht entweder in sich hinein und denkt über Vorgänge im eigenen Inneren nach. Oder aber das Bild will empfehlen, sich mehr auf sein Inneres zu konzentrieren. Hört man viele Geräusche gleichzeitig, so dass sich Einzelheiten kaum noch unterscheiden lassen, so deutet das oft auf übermäßige Beeinflussbarheit hin. Wer auf alles hört, was ihm zu Ohren kommt, der hat möglicherweise keinen eigenen Standpunkt. Heimliches Lauschen lässt auf Misstrauen und auf Neugier schließen. Schwerhörigkeit oder Taubheit deuten als Symbole auf Unbelehrbarkeit, Eigensinn und Rechthaberei hin. Es empfiehlt sich dann, die Meinung anderer ernster zu nehmen.

Anker

Der Anker ist ein sehr altes Ursymbol. Auf vielen Darstellungen lässt sich deutlich seine enge Verwandtschaft mit dem Kreuz und mit dem Dreizack erkennen. Für die frühen Christen war er ein Schutzsymbol für die Geborgenheit im Glauben angesichts von Verfolgung und Bedrohung.

Der obere Teil des Zeichens kann als Mensch verstanden werden, der aufrecht steht und seine Hände nach oben streckt, also mit dem Himmel verbunden ist. Der Bogen des Ankers unten ähnelt einem Halbkreis. Er verkörpert die materielle Welt, die Erde, auf der der

Mensch lebt, aus der er Kraft schöpft und die den Menschen stets neu hervorbringt.

Der Anker symbolisiert den Wunsch nach Sicherheit und Geborgenheit nach langer Fahrt durch das stürmische Meer der Emotionen. Wer vor Anker geht, sucht Schutz und Ruhe, um Kraft zu schöpfen, ehe er sich aufs Neue in stürmische Gewässer begibt, die mit Sicherheit auf ihn warten. Denn das Leben ist nicht als dauerhafter Ruhezustand denkbar. Menschliche Entwicklung gelingt am besten im fortgesetzten Wechsel zwischen Phasen relativer Ruhe und stürmischer Bewegung.

Leuchtturm

Der Leuchtturm ist eine wichtige Orientierungshilfe für die Schiffe. In seinem oberen Teil unterhielt man früher während der Dunkelheit ein Feuer, das weit über das Meer leuchtete. Heute ist es durch starke Lichtsignale ersetzt.

In der tiefenpsychologischen Symbolsprache bietet der Leuchtturm Hilfe und Orientierung in schwierigen Lebenssituationen. Ähnlich wie Lampen oder Laternen informiert er über eine unbewusste Problematik, die im Begriff ist, ins Bewusstsein zu rücken (→ *Turm*).

Turm

Wie in der Wirklichkeit ermöglichen Türme auch als Symbole mehr Überblick. Der Rundblick von einem Turm erlaubt mehr Sicht in die Ferne. Das Erklettern eines Turmes verkörpert das Bemühen um Erkenntnis und Weitblick. Wer auf einen Turm steigt, erhebt sich über seine alltägliche Sichtweise. Ihm gelingt es so, Abstand von den Problemen des Alltags zu gewinnen und sie neu zu sehen. Auf solche Weise lassen sich Probleme im Leben oft sehr viel besser lösen (→ *Leuchtturm*).

Schildkröte

Die Schildkröte steht in vielen Kulturen als Symbol für die kosmische Ordnung. Ihr gewölbter Panzer gilt als Bild für den Himmel, der die

Erde schützt, und die untere Welt, in der die Füße Platz greifen. Sie kann auch Symbol für das Wasser sein, denn im Wasser oder in der Nähe von Gewässern leben Schildkröten oftmals. Die Symbolik der Schildkröte ähnelt der des Weltenbaums (→*Lebensbaum*), dessen Krone sich in den Himmel ausbreitet. Sein Stamm steht für die Erde und ihre Bewohner. Und die Wurzeln ragen tief in die untere Welt hinein. So ist es sicher kein Zufall, dass auf alten indischen Bildern der Weltenbaum auf einer Schildkröte steht.

In China gab es den Mythos von einer gewaltigen Meeresschildkröte, auf deren Rücken die Erde ruht. Auf alten Abbildungen sollten Schildkrötenfiguren aus Stein die Stabilität des Kosmos gewährleisten. Die Schildkröte galt auch als Feuerfresser. Abbildungen dieses Tiers brachte man daher auf den Dächern der Häuser als Abwehrzauber gegen Brände an. Wegen ihrer Langlebigkeit galt die Schildkröte als Symbol für ein langes Leben und wegen ihrer Unverwundbarkeit als Sinnbild der unverrückbaren Ordnung.

In der griechischen Antike war die Schildkröte, da sie ungewöhnlich viele Eier legt, ein Symbol für Fruchtbarkeit, aber auch für unbeugsame Lebenskraft. Der Schildkrötenpanzer spielte bei Schutzritualen eine Rolle. In Gold gefasste Schildkrötenaugen galten als Amulett gegen den bösen Blick. In den Mythen der Mexikaner spielte die Schildkröte als Reittier der Ahnen eine Rolle. In Indien galt sie als eine Verkörperung des Gottes Vishnu.

Nach der tiefenpsychologischen Deutung ist die Schildkröte ein Tierbild, das stille Kraft und das Bedürfnis nach Schutz vor Angriffen von außen verkörpert. Sie hat etwas von der uralten Lautlosigkeit, mit der Leben in Gefahr sich stets zurückziehen kann. Eine Rolle dieser Art spielt die Schildkröte etwa in dem stark an Symbolen orientierten Roman „Momo“ von Michael Ende.

Zahlen

Zahlen sind nicht nur ein Symbol für eine bestimmte Menge, die sie repräsentieren, sondern sie spielen in der Symbolsprache darüber hinaus eine wichtige Rolle. Sie wollen oft eine zusätzliche Botschaft übermitteln.

Manchmal deuten sie auf ein Ereignis hin, das in einem bestimmten Lebensalter stattfand. Oft enthalten die Zahlen eine Symbolik, welche die Menschen vieler alter Kulturvölker übereinstimmend seit vielen Jahrtausenden in ihnen gesehen haben.

Eins

So weist die Eins als Zahl in der Symbolsprache häufig auf eine ursprüngliche, ungeteilte Einheit hin. Sie symbolisiert das Einfache, Feste, die Ausgangssituation.

Zwei

Die Zwei betont oft Gegensätze oder Widersprüchlichkeiten, zum Beispiel zwischen männlichen und weiblichen Kräften. Manchmal gibt diese Zahl aber auch Hinweise, wie sich solche Gegensätze auflösen lassen.

Drei

Die Drei gilt seit dem Altertum als magische Zahl. In Indien sind Brahma, Vishnu und Shiva eine göttliche Dreiheit. Auch altägyptische und die christlichen Religionen gehen von der Dreifaltigkeit Gottes aus. Neptun, der Gott des Meeres, trägt nicht zufällig einen Dreizack. In den alten Volksmärchen sind drei Rätselfragen zu lösen. Die Drei hat in der Symbolsprache meist ein männliches Vorzeichen. Oft ist sie Symbol des Geistes und schöpferischer Kraft.

Vier

Die Vier, ebenso Quadrate oder Würfel, gelten als Ganzheitssymbole. Sie haben fast immer eine sehr positive Bedeutung. Die Vier spielt in der Natur eine wichtige Rolle: Vier Jahreszeiten gibt es, vier Mondphasen und vier Grundelemente, nämlich Feuer, Wasser, Luft und Erde (→*Steinkreise, indianische Medizinräder,* →*Die vier Himmelsrichtungen*).

Fünf

In der Zahlensymbolik deuten die Fünf, das Fünfeck oder der fünfzackige Stern auf die Vollständigkeit des natürlichen Menschen hin.

Das Bild eines Menschen mit ausgestreckten Armen und Beinen und dem Kopf bildet ein Fünfeck. Fünf Sinne hat der Mensch.

Sechs

Die Zahl Sechs gilt als Symbol partnerschaftlicher Harmonie zwischen Mann und Frau. Oft ist damit Sex gemeint. Beide Worte klingen ja gleich, wenn man sie ausspricht.

Sieben

Die Sieben gilt seit alters her als magische und als heilige Zahl. In der Symbolsprache weist die Sieben oft auf Wechsel, Wandlung der Persönlichkeit und auf grundsätzliche Veränderungen hin. Alle sieben Jahre soll sich der Mensch angeblich von Grund auf verändern und erneuern.

Acht

Die Acht gilt ähnlich wie die Vier, die ja zweifach in ihr enthalten ist, als Ganzheitssymbol. Sie deutet auf Vollständigkeit hin. Die indische Weisheitslehre spricht vom achtfachen Weg Buddhas. In der Musik umfaßt die Skala der Töne eine Oktave. Der Würfel als vollkommene geometrische Ganzheit hat acht Ecken. Die Vollständigkeit der Acht kann auch bedeuten, dass keine weiteren Möglichkeiten mehr gegeben sind.

Neun

In der Zahlensymbolik hat die Neun, wie alle ungeraden Zahlen, oft einen männlichen Aspekt. Dreimal ist die Energie der Drei (3 x 3 = 9) in ihr enthalten. Manchmal ist die Neun aber auch in Anklang an die neunmonatige Schwangerschaft der Frau Hinweis auf eine Neugeburt im wörtlichen wie im übertragenen Sinne.

Zehn

Die Zehn deutet in der Symbolsprache meist auf einen Neuanfang hin. Ein neuer Lebens- und Entwicklungsabschnitt beginnt, so wie nach der Neun die Zahlenreihe mit der Eins wieder von vorn anfängt, wenn auch um eine Stelle verschoben.

Elf

Die Elf kommt meist in der Bedeutung einer doppelten Eins vor. In der Sprache der Symbole verstärkt sie auf diese Weise die Qualität der Eins.

Zwölf

Die Zwölf galt schon bei den alten Babyloniern als heilige Zahl. In der Symbolsprache ist sie, ähnlich wie die Vier, fast immer ein Ganzheitssymbol. Zwölf Tierkreiszeichen gibt es. Und zwölf ist die Zahl der Monate, die das Jahr hat. Zwölf Jünger werden Jesus zugeordnet. Als Ziffer der Uhr setzt die Zwölf der Stunde ein Ende. Ist es fünf Minuten vor zwölf, so wird es höchste Zeit, ein Vorhaben zu verwirklichen.

Bilder, die Mut und Kraft geben

Die Begegnung mit der weisen Frau/dem weisen Mann in Gestalt des Königs und der Königin

König

Der König ist eine Symbolgestalt mit großer Kraftausstrahlung. Er verkörpert das männliche Prinzip der Welt der Väter und der Macht. In vielen Kulturen musste der König im Vollbesitz seiner Kraft stehen. Er durfte keine Alterserscheinungen haben. Wenn seine Kräfte nachließen, so musste er sich selbst opfern oder sich der Königstötung unterwerfen. Der König galt als Held, durfte aber selbst nicht aktiv an den Kämpfen teilnehmen. Man schrieb ihm übernatürliche Kräfte zu. Zum Beispiel sollte er Kranke durch Berühren heilen können. Der König vertritt die göttliche Weltordnung innerhalb seines Reiches. Ihn ihm verkörpert sich der Wunsch nach einer Autorität, die dem Volk Sicherheit und Schutz gewährt.

In der Tiefenpsychologie nach C.G. Jung ist der König auch ein Sinnbild väterlicher Autorität. Weit mehr gilt er aber als Ausdruck höherer Weisheit und Einsicht. In den Volksmärchen stellt der König das Ziel aller Wanderungen und Abenteuer dar, die der Märchenheld auf dem

Weg seiner persönlichen Entwicklung bestehen muss. Adel von Geburt her gibt es dabei nicht, sondern König wird der meist aus einfachen Schichten stammende Held, weil er seine eigenen Anlagen zu höchster Entfaltung gebracht hat.

Königin

Da die Machtverhältnisse bei uns im Abendland meist eher patriarchalisch orientiert waren, hat die Königin als Symbol eine andere Bedeutung als der König. Bei ihr geht es weniger um Machtausübung, sondern sie verkörpert in der Tiefenpsychologie weit mehr das Urbild der Großen Mutter. Sie ist die Nährende, die Priesterin und Heilerin. In den Märchen und Sagen gehören königliche Frauengestalten häufig einem übernatürlichen Bereich an und treten als Feenkönigin oder – mit negativem Vorzeichen – als Hexenkönigin auf. (→*Mutter*).

Mutter

Die Mutter ist ein bedeutendes Symbol für den Urgrund des Lebens und für Geborgenheit. In unserem Leben spielt die persönliche Mutter am Beginn unseres Lebens die weitaus größte Rolle. Sie erfüllt vor allem die für die Persönlichkeitsentwicklung so entscheidenden ersten sechs Kindheitsjahre. Die Gestalt der Mutter begleitet uns mit ihrer Zuwendung weit mehr als jede andere Frau durch unser ganzes Leben. Dennoch: Wenn sie die Ablösung ihres Kindes nicht zulässt, verhindert sie die Entwicklung zur eigenständigen Persönlichkeit. Das Bild der „nährenden Mutter“ wendet sich dann. Sie wird zur „verschlingenden Mutter“, die in den alten Mythen ihre eigenen Kinder frisst.

In der Tiefenpsychologie nach C. G. Jung reicht die Symbolbedeutung der Mutter weit. Sie umfasst nicht nur die leibliche Mutter, sondern auch die Großmutter, Amme oder Kinderfrau. Im übertragenen Sinne bezieht sie sich auf das Bild der Göttin, der Mutter Gottes, der Jungfrau Maria. Aber auch die Kirche, die Universität, die Stadt, das Land, der Himmel, das Meer, der Mond, alle stehenden Gewässer sind Muttersymbole; ebenso der Acker, der Garten, der Fels, die Höhle, der

Baum, die Quelle; im engeren Sinne jede Hohlform als Bild für die Gebärmutter, der Backofen, der Kochtopf, alle hilfreichen Tiere, vor allem die Kuh. Als positives Symbol verkörpert die Mutter alle Weisheit, die über das Erfassen mit dem Verstand hinaus geht, alles Gütige, Nährende, Hegende, alles Wachstum und Fruchtbarkeit Spendende. Die Mutter ist auch Symbol für die Verwandlung, die Wiedergeburt, das Verborgene, Geheime.

Negative Mutterinhalte zeigen sich in Bildern, in denen die Mutter nicht loslassen will, sondern fordert, einengt und verschlingt, zum Beispiel in Gestalt eines Drachens (→*Kampf mit dem Drachen*).

Erde

Sehr viele alte Kulturen sahen die Erde als von einer Muttergöttin verkörpert an, Gaia zum Beispiel bei den Griechen.

Die ‚heilige Hochzeit' zwischen Himmel und Erde kommt in Fruchtbarkeitsmythen und -kulten vieler Völker vor.

Wenn die Erde bebte, so sah man dies als Äußerung göttlicher oder menschenfeindlicher Kräfte an, welche die kosmische Ordnung in Gefahr brachten. Sie mussten durch Opfergaben und besondere Rituale beschwichtigt werden.

Die Symbolbedeutung der Erde kommt noch immer in vielen volkstümlichen Redensarten zum Ausdruck, zum Beispiel in dem Begriff „Heimaterde" oder in Redewendungen wie „auf fruchtbare Erde fallen" oder „jemanden unter die Erde bringen".

Für Hildegard von Bingen war die Kirche die lebendige Erde, welche mit der Lehre der Apostel die Frucht der Gerechtigkeit gebar.

Wie alte Texte belegen, flehte man die Erde an, Heilkräuter mit den darin enthaltenen Kräften für die leidende Menschheit hervorzubringen.

Lehmige Erde ist in vielen Schöpfungsmythen der Stoff, aus dem die Götter Menschen schufen. Im Schoß der Erde liegt die Saat, die zu neuem Leben heranreift.

In der tiefenpsychologischen Symbolik weist die Erde meist auf Körperlichkeit, Fruchtbarkeit, Mütterlichkeit und Nähren hin. Wer tief in die Erde eindringt, gelangt in Bereiche der Vergangenheit, der Geschichte und des Todes. Wer aus der Erde aufsteigt, erwacht zu neuem Leben. Wer sich zu tief in die Erde eingräbt, lebt nur noch seinen Erinnerungen. Er entfernt sich von der Wirklichkeit. Wer sich aus der Erde befreit, wird lebenstüchtig. Er erlebt seine körperliche oder geistige Wiedergeburt und gewinnt neue Perspektiven für sein Leben.

Mönch

Mönche verschreiben sich als Angehörige einer Ordensgemeinschaft bestimmten Tugenden und Lebensregeln, die sich zum Gelingen einer spirituellen Lebensführung eignen. Tiefenpsychologisch deutet dieses Symbol auf Selbstbesinnung und Religiosität hin. Manchmal zeigt sich darin auch das Bedürfnis nach Schutz gegenüber den Härten des Lebens, aber auch das Bemühen, sich selbst zu beherrschen, Disziplin zu üben und seinen Grundsätzen treu zu bleiben.

Der Kampf mit dem Drachen

Drachen sind in der Bilderwelt vieler Völker wichtige Symbole. In ihrem Äußeren erinnern sie zwar oft an die Dinosaurier, die vor vielen Jahrmillionen die Erde bevölkerten. Aber auf den meisten alten Bilddarstellungen ähneln sie eher geflügelten Krokodilen oder Riesenschlangen, in denen sich möglicherweise eine tiefe Urerinnerung an die Dinosaurier widerspiegelt.

In den Schöpfungsmythen sind die Drachen meist gewalttätige Wesen. Aufgabe der Götter ist es, sie zu überwinden. Später übernehmen irdische Helden diese Aufgabe.

In den Märchen und Sagen gehört es oft zu den Prüfungen, die der Märchenheld bestehen muss, einen Drachen zu überwinden. Auf diese Weise erlangt er einen Schatz oder erlöst eine gefangene Königstochter. Der Drache ist hier Symbol für die wilde Tierhaftigkeit, die gebändigt und kultiviert werden muss.

In der christlichen Symbolik gilt der Drache als Verkörperung des Teuflischen, das der Erzengel Michael besiegt.

Ganz anders als bei uns im Abendland versteht man in Ostasien den Drachen als ausgesprochenes Glückssymbol. Er verkörpert die Lebensenergie in ihrer Form von Yin und Yang, also Zeugung, Fruchtbarkeit und Aktivität in jeder Form. Drachensymbole wehren in der chinesischen Kultur Dämonen ab und vertreiben das Böse. In Japan verkörpert der Drache den Fruchtbarkeit bringenden Regengott.

In der tiefenpsychologischen Symbolsprache deuten Drachen, Riesenschlangen, Kröten, Krokodile, Meeresungeheuer und ähnliche Fabelwesen meist auf Gewissenskonflikte hin, die gelöst werden sollen. Nach Freud sind Drachen Muttersymbole. Doch in der Sprache der Symbole stecken längst nicht immer Mutterkonflikte hinter solchen Bildern.

Der Lebensbaum

Der Baum ist ein uraltes magisches Bild. Ers steht für Fruchtbarkeit, für das Leben selbst und für alles, was wächst. Seine Wurzeln reichen bis tief in die Erde. Zugleich greifen seine Äste wie Antennen bis weit in den Himmel. Daher gilt er seit jeher als Brücke zwischen Himmel und Erde, als Mittler zwischen den Welten und als Schwelle zur Anderwelt der Naturgeister, der Feen und Elfen.

Jede Kultur hat ihre besonderen Geschichten, Mythen und Legenden, die sich um den Baum ranken. Für viele alte Völker galt der Baum als Achse der Welt. Er ist der Baum des Lebens und des Wissens. In der griechischen Mythologie hing das Goldene Vlies, ein als heilig geltendes goldenes Widderfell, an einem Baum. Buddha empfing die Erleuchtung, als er unter einem Baum saß. Odin hing neun Tage und Nächte lang am Weltenbaum Yggdrasil, um die höhere Weisheit zu erlangen. Den keltischen Druiden waren alte Bäume heilig. Das christliche Kreuz gab es schon früh als Baumkreuz in der Gestalt eines Y.

Bäume tragen Früchte, liefern Holz, geben Schatten und Schutz vor Wind und Kälte. Sie stellen Grenzbereiche dar oder trennen eine Welt von der anderen. Die Bäume unterscheiden sich in ihrer Vielfalt nicht nur nach der äußeren Gestalt und der Beschaffenheit des Holzes voneinander, sondern ebenso nach ihrer energetischen Qualität für uns Menschen. Die beharrende Kraft einer Eiche ist eine andere als die Biegsamkeit einer jungen Birke. Eine hoch aufgeschossene Zitterpappel wirkt völlig anders auf uns als ein geduckter Holunderbusch.

Finden Sie Ihren Lieblingsbaum heraus. Es ist durchaus nichts Ungewöhnliches, wenn ein Mensch sich zu einem Baum persönlich hingezogen fühlt. Manche Menschen sprechen mit ihrem Baum. Dieser Baum tröstet sie in Not und Verzweiflung. Er gibt ihnen Schutz und Geborgenheit.

Wasser – Brunnen – Quelle – Regen

„**Wasser** – welch ein Wort", hat Paul Celan in einem Gedicht gesagt. Erstaunen, Bewunderung, hohe Achtung brachten die Menschen der alten Völker dem Element Wasser entgegen. Quellen galten bei ihnen als Heiligtümer. Ohne Nahrung können wir immerhin einige Wochen leben, ohne Wasser aber sterben wir innerhalb weniger Tage.

Für uns Angehörige der westlichen Zivilisation ist die unbegrenzte Verfügbarkeit von Trinkwasser zur Selbstverständlichkeit geworden. Ein Handgriff genügt, wenn wir Wasser brauchen, um uns zu erfrischen oder zu reinigen. Allenfalls sorgen wir uns um die Höhe der Nitratwerte und Schadstoffe, welche die Wasserqualität beeinträchtigen könnten. In anderen Ländern und Erdteilen gehört Wasser zu den Luxusgütern. Menschen sterben noch immer aus Mangel an Trinkwasser und Kriege werden geführt, um den Zugang zu lebenserhaltenden Wasserreservoirs zu erhalten.

In der tiefenpsychologischen Symbolsprache verkörpert Wasser unbewusste seelische Energie etwa im Sinne des volkstümlichen Begriffs ‚Lebenswasser'.

Quellen als heilige Orte sind in vielen alten Kulturen bekannt. Wasser bringt Fruchtbarkeit eben nicht nur, wenn es als Regen vom Himmel fällt, sondern auch unterirdische Gottheiten spenden Wasser aus der Tiefe der Erde. Heiße Quellen brachten den Menschen Heilung. An solchen Orten verehrte man besonders Quellnymphen und Gottheiten der Heilung und Reinigung. Fast immer waren es weibliche Gottheiten, die mit der Erde und mit den Quellen in Verbindung standen, oft in dreifacher Form: Fruchtbarkeit, Nachkommenschaft und Ehe. Bei den Griechen und den Römern finden sich Quellenfeste und -kulte ebenso wie bei den Kelten und Germanen. Unter dem Einfluss des Christentums blieben viele solcher Quellheiligtümer als Marienquellen erhalten.

In China und Japan standen an Quellen oftmals kleine Heiligtümer. Und das Alte Testament der Bibel beschreibt den Ursprung der vier Ströme des Paradieses aus einer Segen bringenden Quelle. Sie wird zum Symbol für ewiges Leben und Neugeburt.

Wunderbare Quellen spielen schon in der Literatur des Mittelalters eine große Rolle. Sie bringen Fruchtbarkeit und körperliche wie geistige Heilung. Reinigungsrituale wie die Taufe sind in vielen Kulturen mit heiligen Quellen verbunden.

In der tiefenpsychologischen Symbolik ist die Quelle, oft in der Nähe eines Baumes, ein äußerst positives Sinnbild für das Lebenswasser. Wo in der Sprache der Symbole Baum und Quelle eine Rolle spielen, dort befindet sich man/frau in Einklang mit den starken Kräften.

Brunnen sind ähnlich wie Quellen in ihrer Symbolbedeutung fast immer mit körperlicher und geistiger Stärkung und Reinigung verbunden.

Der Brunnen steht in enger Verbindung zum Wasser, aber auch zur Tiefe eines Geheimnisses und dem Zugang zu verborgenen Quellen. Als Symbol enthält er meist Lebenswasser, psychische Energie. Oft stellt der Brunnen als Ort der Erfrischung ein irdisches Bild für paradiesische Freuden dar. Mit der Kaaba, dem Heiligtum in Mekka, ist ein heiliger Brunnen verbunden. Aus ihm trinken die Pilger, und sie nehmen Wasser mit in ihre Heimat.

Das Hinabsteigen in einen Brunnen bedeutet in den Märchen und Träumen fast immer Zugang zum Unbewussten und zu tiefer Erkenntnis. Das Eintauchen in das Wasser des Brunnens gibt Gesundheit und Lebenskraft. Aus der Therapie mit dem Katathymen Bild-Erleben sind viele Beispiele für die geradezu erstaunliche Heilwirkung des Wassers in Wachträumen bekannt. Professor Hanscarl Leuner beschreibt Beispiele, in denen Patientinnen in ihren inneren Bildern immer wieder in Seen badeten und hierdurch von körperlichen Krankheiten geheilt wurden.[9]

In den Märchen und Mythen verkörpert der Brunnen meist einen weiblichen Aspekt. Er symbolisiert den Urschoß des Lebendigen. Brunnen sind in den Märchen vielfach Orte, von denen man in ein jenseitiges Land gelangen kann. Zu Frau Holle zum Beispiel gerät man durch einen Brunnen. Und auch in dem Grimm-Märchen vom Eisenhans erhält der junge Sohn des Königs den Auftrag, am Goldbrunnen zu sitzen und darauf zu achten, dass nichts hineinfällt, damit er nicht verunreinigt wird, was dann natürlich doch geschieht. Der Junge bricht das Tabu. Tabus haben eine Schutzfunktion. Aber irgendwann, wenn die Entwicklung eines jungen Menschen weit genug fortgeschritten ist, verliert das Tabu seinen Sinn. Es wird gebrochen – notwendigerweise, denn sonst würde es sich für die weitere Entwicklung auf dem Weg zum jungen Manne hemmend auswirken.

Eine ähnliche Bedeutung hat der Brunnen auch in dem Märchen vom Froschkönig. Hier symbolisiert er allerdings eher einen wichtigen Entwicklungsabschnitt im Leben einer jungen Frau: die Auseinandersetzung mit der Sexualität in ihrer kalten, glitschigen Seite, verkörpert durch den Frosch. Auch diese Seite will akzeptiert und in die Partnerbeziehung integriert werden. Nur so kann sich eine erfüllte und reife Beziehung entwickeln.

Regen galt in den alten Kulturen als Fruchtbarkeitssymbol. Die vom Himmel kommende Feuchte, welche die Erde zum Fruchttragen veranlasst, verstanden sie als Samen eines Himmelgottes, den er zur Mutter Erde schickt.

Alte Felsmalereien in Afrika symbolisieren den Regen als eine vom Himmel kommende Schlange. Auch eine gehörnte Riesenschlange scheint ein mythisches Regenwasserwesen gewesen zu sein. Wolken sind auf vielen alten Bildern Heimstätten des Regenwassers. Durch Donnerkeile muss es aus ihnen befreit werden.

---

[9] Leuner 1982, 54 ff.

Hildegard von Bingen (1098-1179) verglich den Regen mit der Lebenskraft der Seele, die den Körper zum Erblühen bringt, so wie der Regen in die Erde eindringt, damit sie nicht austrocknet: „Von der Seele gehen ja gewisse Kräfte aus, um den Leib zu beleben, wie vom Wasser die Feuchtigkeit belebt wird…"

Hildegard vergleicht auch die Tränen mit dem Regen: „Beim geistlichen Menschen, der von der Furcht des Herrn erschüttert in Tränen ausbricht, ähnlich wie bei den Wolken, die aus der oberen Schicht ihr Wasser ziehen und als Regen ausschütten, wirkt die Gabe der Reue als grün machende Lebenskraft, die ihn dabei von den Sünden reinigt."

Als tiefenpsychologisches Symbol kommt der Regen ähnlich wie bei Hildegard in zweifacher Bedeutung vor: Einmal ist er ein Bild für Fruchtbarkeit. Er hat vorwiegend die Bedeutung einer geistigen Befruchtung im Sinne von neuen und schöpferischen Ideen. Manchmal, wenn auch eher selten, ist dieses Symbol Ausdruck von Traurigkeit. Wie die Tränen, so reinigt der Regen die Seele von Traurigkeit und niederdrückenden Stimmungen.

Abendmahl – Mahlzeit – Nahrungsmittel – Brot – Brot und Wein

Brot ist bei vielen alten Völkern bereits wichtigstes Nahrungsmittel. In Ägypten kannte man schon vor rund 3500 Jahren etwa 40 Sorten von Brot und Gebäck. Brot und Bier galten als Grundnahrung im Jenseits.

Im Orient bedeutete „das Brot brechen" gemeinsam essen, was man schon in früher Zeit auch als spirituelle Handlung verstand. Brot im Sinne geistiger Nahrung wird im heiligen Abendmahl zusammen mit Wein zur Seelenspeise.

Das Entstehen eines Brotes vom Säen bis zur Ernte, dem Dreschen, Mahlen und Backen, verglich man symbolisch mit der Entwicklung des Menschenlebens.

Bis ins 20. Jahrhundert hinein gab es bei uns den Brauch, jedes frische Brot vor dem Anschneiden mit einem Kreuzzeichen zu segnen. Verkehrt auf dem Tisch liegendes Brot galt als Unglückssymbol, weil auf ihm „der Teufel reitet". Die so gestörte Ordnung würde zu Streit oder anderem Unheil führen.

Zahllose volkstümliche Redensarten zeigen noch immer die große Bedeutung des Symbols „Brot“ im Leben der Menschen, zum Beispiel: „Wess’ Brot ich ess’, des Lied ich sing“, „jemandem Steine statt Brot geben“, „das bittere Brot der Verbannung essen“.

In der Tiefenpsychologie hat das Symbol „Brot“ eine sehr positive Bedeutung. Die vielen Stadien der Verarbeitung, die das Brot während seines Entstehens durchläuft, gelten als Symbole des Reifens und des inneren Wachstumsprozesses, den jeder Mensch auf seinem Weg durch das Leben durchläuft. Brot bedeutet daher „Lebensspeise“, geistige und seelische Nahrung.

Wein hat in seiner ursprünglichen Symbolbedeutung nur selten etwas mit „sich betrinken“ zu tun, obwohl es diese Sitte natürlich auch in früheren Zeiten gab. Man trank den Wein normalerweise mit Wasser verdünnt und verstand ihn als im echten Sinne geistiges Getränk, als eine von Lebensfeuer erfüllte Flüssigkeit. Der in etlichen Kulturen übliche übermäßige Weingenuss war kultisch verankert. Er sollte die Vereinigung mit den Göttern der Ekstase herbeiführen. Wein konnte Zauber brechen und Lügen enttarnen, daher die Redensart: „Im Wein liegt die Wahrheit.“ Wein gab man den Verstorbenen als Trankopfer. Den Wein aus roten Trauben sah man in engem Symbolzusammenhang mit Blut, lange bevor er diese Bedeutung im christlichen Kulturbereich erhielt.

Im Orient und in Ägypten gab es Weinanbau schon vor 5000 Jahren. Bei Festen durfte Wein niemals fehlen. Diese Gemeinschaft stiftende Wirkung des Weins klingt auch in dem Wunder Jesu bei der Hochzeit zu Kana mit dem Verwandeln von Wasser in Wein an. Alte symbolhafte Bilder zeigen oft Christus als Weinstock und seine Jünger als die Reben. Kreuz und Lebensbaum finden sich auf vielen Bildern aus dem Mittelalter als Weinstöcke dargestellt. Die Weinernte gilt als Symbol des Weltgerichts am Jüngsten Tag.

Für Hildegard von Bingen (1098-1179) spielt der Wein eine wichtige Rolle als Heilmittel, aber auch als Symbol. Die in ihm steckende Kraft bezeichnet sie als großes Geheimnis. Der Missbrauch des Weins könne diese Kraft lediglich ins Negative verzerren. Getreide und Wein wachsen nach ihrer Auffassung durch eine geheime Keimkraft. Diese gleiche „grüne Kraft“ erkennt sie in der Verwandlung von Brot und Wein im Heiligen Mahl.

Der Islam hat gegenüber dem Wein eine zwiespältige Einstellung. Eine Legende erzählt, bei der Vertreibung aus dem Paradies habe der Erzengel Gabriel Mitleid mit dem verstoßenen Adam und seiner Frau gehabt und ihnen deshalb eine Rebe aus dem für sie jetzt verschlossenen Garten gereicht. Nach einer anderen Überlieferung soll der Stab des Erzengels von Tränen des Mitleids nass geworden sein und ausgetrieben haben. Er habe Früchte getragen, die seien wie Engelstränen gewesen, rund und süß. Aber der Teufel habe dieser Frucht Unheil angewünscht. Deshalb sei der Wein zwar ursprünglich eine Engelsgabe, aber sein Genuss eben doch nicht segensreich. Daher ist das Weintrinken allen Gläubigen streng verboten. Doch im Paradies wird in einem Bach Wein fließen, der allen, die ihn trinken, köstlich schmeckt, aber niemanden betrunken macht.

In Ostasien, vor allem in Japan, hat der Reiswein „Sake“ etwa die Bedeutung unseres Weins, obwohl er eigentlich eher eine Art Bier mit einem hohen Alkoholgehalt von 12-16 Prozent ist. Bei Hochzeitsfeiern, zu Neujahr und beim Abschluss wichtiger Verträge trinkt man ihn als Ritualgetränk aus kleinen Holzschälchen.

In der tiefenpsychologischen Deutung geht es bei der Begegnung mit dem Symbol Wein um geistig-seelische Inhalte. Meist verkörpert das Bild vom Wein das Anregende, die Kraft des Geistes, welche die Erdschwere überwindet und die Phantasie beflügelt.

Auf dem Vulkan

Vulkane sind Öffnungen der Erde, aus denen ihr Inneres herausgeschleudert wird. Dieses gewaltige Naturschauspiel hat seit jeher trotz seiner Unberechenbarkeit und Gefährlichkeit die Menschen fasziniert. Der Tanz auf dem Vulkan gilt sprichwörtlich als ein an Risiken reiches Unternehmen, das Mut erfordert und dessen Ausgang ungewiss ist. Tiefenpsychologisch deutet das Bild des Vulkans auf emotionale Ausbrüche hin, die Energieblockaden auflösen und sie durchbrechen. Solche Ausbrüche können sehr befreiend wirken. Sie lassen sich gut für das Aufarbeiten verdrängter Inhalte nutzen.

Krafttieren begegnen

Tiere verkörpern in der Symbolsprache bestimmte Eigenschaften von uns selbst. Im Grunde gilt in der tiefenpsychologischen Symbollehre das Gleiche wie in der Literatur: Fabeln und Comics stellen an bestimmten Tieren jeweils typische menschliche Verhaltensweisen dar.

Der Fuchs gilt schon in den alten Fabeln als besonders schlau. Löwen finden sich wegen ihrer Kraft nicht zufällig immer wieder als Wappentiere. Ähnliches gilt für den Adler, der seinen Herrschaftsbereich hoch oben über allem Geschehen in den Lüften und in unzugänglichen Felsen hat. Aufgrund dieser Eigenschaften gilt er als Symbol von Macht, von Freiheit und Unabhängigkeit. Dieselbe Bedeutung hat er auch als Wappentier vieler Staaten. Rehe gelten als scheu, Kühe als Spender mütterlicher Wärme und Energie. Katzen verkörpern Zärtlichkeit, Anschmiegsamkeit, aber auch Unabhängigkeit und Freiheitsdrang. Solche Symbolbedeutungen gelten in der Sprache unseres Unbewussten ähnlich wie in der Realität. Am genauesten können Sie die Symbolbedeutung eines Tiers bestimmen, wenn Sie sich ohne lange zu überlegen fragen: Welche Eigenschaften fallen mir spontan ein, wenn ich an dieses Tier denke?

Bei vielen Naturvölkern verkörpern bestimmte Tiere einen speziellen Geist, eine besondere Energiequalität. Gemeint ist damit nicht ein konkretes Tier, also nicht ein bestimmter Bär, sondern der Bär an sich. Sie verehren den Geist des Bären. Und mit ihm treten sie in Kontakt, wenn sie seine Hilfe oder seine Kraft benötigen. Wer den Kontakt zu seiner eigenen Tiernatur verloren hat, gilt bei ihnen als schwach und verletzbar.

Über die Welt der Symbole ist es auch uns Angehörigen moderner westlicher Zivilisationen möglich, die hilfreiche Beziehung zu einem Krafttier aufzunehmen. Fragen Sie sich, wenn Ihnen ein Tier in allen möglichen unterschiedlichen Darstellungsformen immer wieder in auffallender Weise in ihrem Leben begegnet: Wie würde es sich in meiner augenblicklichen Lebenssituation auswirken, wenn ich die Eigenschaften annähme, über die dieses Tier verfügt?

Bär

In der Mythologie und in den Märchen der nordischen Völker hat der Bär als Tiersymbol meist weibliche Eigenschaften. Sein braunes, erdhaftes Fell und die für Bärinnen typische sorgfältige Aufzucht der Jungen mögen beim Entstehen dieser Symbolbedeutung eine Rolle gespielt haben.

Antike Abbildungen stellen die griechische Jagdgöttin Artemis in Begleitung von Bären dar. Priesterinnen aus ihrem Umkreis nannte man Bärinnen. In den nordischen Mythen kommt aber auch der männliche Aspekt des Bären zum Tragen. Odin tritt mitunter in Bärengestalt auf. Und die Berserker waren Krieger, die Bärenfelle trugen und – wahrscheinlich im Drogenrausch – besonders wild kämpften.

Der Winterschlaf des Bären gilt mitunter als Bild für das Alter, dem die Auferstehung folgt. Das Symbol des Bären begleitet mehrere Heilige, zum Beispiel Columbanus, Ursinus und Sergius. In der Wappenkunst verkörpert der Bär vielfach Kraft und Mut. In ähnlichem Sinne ist der „russische Bär“ zu verstehen.

In der tiefenpsychologischen Symbolik gilt der Bär oft als Bild für weiblich mütterliche, erdverbundene Eigenschaften. Als männliches Tier kann er aber auch gewaltige und ungebändigte männliche Kraft verkörpern.

Biene

Schon in sehr frühen Epochen ihrer Geschichte sammelten die Menschen den Honig wilder Bienen. Bereits vor rund 5000 Jahren züchteten die Ägypter Bienen. Honig spielte bei ihnen nicht nur als Nahrungsmittel, sondern auch beim Vergären und als Heilmittel eine wichtige Rolle. Mit dem Wachs stellte man Kerzen her und benutzte es beim Gießen von Metall ebenso wie beim Mumifizieren der Toten. Auch bewunderten die Menschen seit langem die durchorganisierte

Staatsform, in der die Bienen zusammenleben. Dass nur wenige Tiere in der Symbolik eine so wichtige Rolle spielen wie die Biene, ist daher nicht weiter erstaunlich.

Die Biene ist nicht nur ein Symbol für Fleiß, sondern sie gilt auch als Seelensymbol. In den Märchen der Völker helfen Bienen oft, die richtige Braut herauszufinden. Aber die Biene ist auch ein Marien- oder Herrgottssymbol. In der Antike gab es Priesterinnen und Priester, die man Bienen nannte. Da die Bienen während ihrer Winterruhe in eine Art Totenstarre verfallen, aus der sie im Frühling wieder erwachen, galten sie auch als Symbol für die Auferstehung.

In den Wappen findet sich die Biene oft als Symbol für Ordnungssinn und Fleiß.

In der tiefenpsychologischen Symbolik haben Bienen fast immer positive Bedeutung. Sie verkörpern Eigenschaften, welche die menschliche Gemeinschaft schätzt: Fleiß, planmäßige Arbeitsorganisation und Sinn für die Gemeinschaft.

Fische

Fische kommen in der Symbolsprache in unterschiedlicher Bedeutung vor. Einmal verkörpern sie die spirituelle Seite unserer ganzen Persönlichkeit. Diese Bedeutung klingt beispielsweise in der Fischesymbolik im Christentum an.

Ein Schwarm kleinerer Fische kann aber auch den Samen des Mannes symbolisieren. Sperma hat unter dem Mikroskop in der Tat Ähnlichkeit mit schwimmenden Fischen.

Manchmal betont das Symbol Fisch die kalte, gefühlsunbezogene Seite der Sexualität, wie sie etwa in der Redensart „kalt wie ein Fisch“ zum Ausdruck kommt.

Welche Bedeutung für jeden Menschen jeweils persönlich zutrifft, lässt sich am besten erkennen, wenn man sich meditativ auf das Bild einlässt und sich ihm intuitiv voll öffnet.

Katze

Katzen gelten als verspielt, geschmeidig und „weiblich". Sie sind Symbole für Sinnlichkeit, Schönheit, Zärtlichkeit, aber auch für Unabhängigkeit. Katzen verfügen über die Fähigkeit, sich vollkommen zu entspannen. Wittern sie Gefahr, so sind sie jedoch von einem Augenblick zum anderen sofort hellwach, um zu reagieren.

Im alten Ägypten waren Katzen heilige Tiere. Auf Abbildungen ist die Göttin Bast oder Bastet mit einem Katzenkopf dargestellt. Sie war eine Mondgöttin, die man mit Schutz und Fruchtbarkeit in Zusammenhang brachte.

Auch Artemis bzw. Diana und die nordische Göttin Freya finden sich auf Abbildungen häufig in Begleitung von Katzen. Bei den Römern galten Katzen als Symbol für Freiheit. Aus der Sicht der Kelten war die Katze ein heiliges Tier, das der Anderwelt besonders eng verbunden war und dort wirken konnte. Deshalb stand sie Magiern, weisen Frauen und Schamanen nahe.

In der tiefenpsychologischen Deutung vertritt die Katze die Gefühlsseite. Das Spielerische und Katzenhafte kann sich auch auf das sexuelle Verhalten beziehen. Oft deutet das Symbol aber auch auf Individualität und auf den Wunsch nach Unabhängigkeit hin.

Hund

So unterschiedlich Hunde auch aussehen und so verschieden ihre Eigenschaften sind: Sie alle stammen vom Wolf ab. Der gezähmte Wolf ist das älteste Haustier, das dem Menschen treu zur Seite stand.

Bei den Griechen bewachte der „Höllenhund" Zerberus das Tor zur Unterwelt. In der Maya-Kultur trugen Hunde die Seelen der Verstorbenen über den Fluss des Todes. Die Kelten kannten Hunde als Begleiter von Göttinnen und Göttern, die Heilung bewirkten.

Im Christentum hat der Hund mit dem Guten Hirten zu tun (→ *Der Gute Hirte*). Der Ordensname „Dominikaner" bedeutet so viel wie „Hunde des Herrn". Der Hund ist den Heiligen Bernhard von Clairvaux, Wendelin und Dominikus als Begleiter zugeordnet.

Hunde sind symbolische Wächter an der Schwelle zur anderen Welt. In den Mythen und Märchen begleiten sie oft den Helden auf seiner Reise.

Als tiefenpsychologisches Symbol gilt der Hund meist als Wächter für den Besitz des Menschen, als Schutz gegen Angriffe und als treuer Freund.

Fuchs

Der Fuchs gehört zwar eher zur Familie der Hunde. Aber er besitzt auch katzenhafte Eigenschaften.

Bei den alten Ägyptern brachte das Fell eines Fuchses die Gunst der Götter. Die Schamanen der Hopi-Indianer trugen bei ihren Heilungsritualen Fuchspelze. Bei den Sioux war der Fuchs wegen seiner Sanftmut, seiner hervorragenden Beobachtungsgabe, seiner Wachheit und List hoch angesehen. Den Kelten galt er als heiliges Tier.

In den Volksmärchen kommt der Fuchs häufig vor. Ähnlich wie in der tiefenpsychologischen Symbolik verkörpert er darin meist Lebensklugheit, Geschicklichkeit und List.

Eichhörnchen

Auffallend am Eichhörnchen sind seine schnellen Bewegungen. Vor allem aber ist es Meister im Sammeln, in der Vorratshaltung, im Rationieren und Vorsorgen. In der Sprache der Symbole müssen sich diese Eigenschaften keineswegs auf materielle Dinge beschränken, sondern sie beziehen sich ebenso gut auf Ideelles: auf Informationen, den Umgang mit der Zeit und der persönlichen Lebensenergie.

In Japan gilt das Eichhörnchen als Fruchtbarkeitssymbol. In den germanischen Mythen nährte es die Feindschaft zwischen dem Adler im Wipfel der Weltesche und der Schlange an den Wurzeln des Weltenbaums.

Elefant

Elefanten können mehr als hundert Jahre alt werden. Sie vermitteln den Eindruck von Größe, Ruhe und geballter Kraft. Ihre Gedächtnisleistungen und ihr Erinnerungsvermögen sind äußerst eindrucksvoll. Wohl deshalb stellen sie Symbole für Weisheit und spirituelles Wissen dar.

Weiße Elefanten gelten als heilige Tiere. In Indien, China und Afrika ist der Elefant ein Symbol für Kraft, Langlebigkeit, Glück, Reichtum, Würde, Klugheit, Vorsicht, Frieden und Fruchtbarkeit. Bei den Römern galt der Elefant als Krafttier des Gottes Merkur, der als Götterbote Beschützer der Händler und der Schriftsteller war. Im Christentum symbolisiert der Elefant gelegentlich, dass Christus den Tod und das Böse besiegte.

In der Tiefenpsychologie verkörpert dieses Tier die Kraft des Unbewussten, die der Kontrolle durch das Bewusstsein und die Vernunft bedarf. Diese Kraft lässt sich aber beherrschen und sinnvoll einsetzen. Rüssel und Stoßzähne sind oft symbolische Hinweise auf die männliche Sexualität. Der Elefant mit seiner starken männlichen Energie ist oftmals ein Vatersymbol.

Esel, Maulesel, Maultier

Zwar ist der Esel als Reittier und als Lastenträger ein treuer Freund und Helfer des Menschen. Dennoch genießt er oft kein allzu großes Ansehen. In einigen Kulturen symbolisiert er Demut und Geduld.

Auf christlichen Bildern spielt der Esel eine durchweg positive Rolle. Zusammen mit einem Ochsen bewacht er das im Stall von Bethlehem geborene Jesuskind. Und Jesus reitet auf einem Esel in die Stadt Jerusalem. Der heilige Columba liebte seinen alten Esel, der ihm sein Leben lang gedient hatte, wie sonst keine andere Kreatur. Der Esel wird den Heiligen Florentinus, Leonhard und Antonius von Padua zugeordnet.

In den Volksmärchen spielt der Esel als Goldesel eine positive Rolle.

Auch in der Tiefenpsychologie hat der Esel nicht die Bedeutung von

Dummheit, die ihm in der Umgangssprache manchmal angedichtet wird, sondern er gilt als Symbol für Kraft und Vitalität. Diese Bedeutung lässt sich schon in der griechisch-römischen Mythologie erkennen. Dort ist der Esel ein Begleiter des Dionysos, des Gottes der unsterblichen Lebenskraft.

Falke, Habicht

Die weit ausgebreiteten Flügel eines Falken sind häufig auf Schmuckstücken, Skulpturen und Abbildungen aus dem alten Ägypten dargestellt. Sie symbolisieren die aufgehende Sonne. Der ägyptische Sonnengott Ra wurde oft mit einem Falkenkopf oder dem Körper eines Falken abgebildet. Horus, der Gott des Himmels und des Tages, war ein Falkengott.

Bei den Germanen gehörte der Falke ebenso wie der Adler zu dem Göttervater Wodan. Aber auch Freya, dem weiblichen Aspekt des Göttlichen, ordnete man den Falken zu. Bei den Kelten waren Falken die männlichen Sonnenhelden auf der Suche nach dem weiblichen Gral.

Während der Adler sehr scheu ist, lässt sich der Falke zähmen. Deshalb stand er im Mittelalter vor allem für Ritterlichkeit und Adel.

Tiefenpsychologisch ist der Falke ähnlich wie der Adler häufig als Herrschaftssymbol zu verstehen. Er deutet auf beschwingten Gedankenflug oder allgemein auf eine positive geistige Situation hin *(→Adler)*.

Schwan, Gans

Der **Schwan** ist seit alter Zeit ein wichtiges Symboltier. Sein biegsamer Hals und sein rein weißes Gefieder machten ihn zum Inbegriff edler Reinheit. Zeus wählte die Gestalt eines Schwans, als er sich der nichts ahnenden Leda näherte. In den germanischen Mythen konnten sich Jungfrauen in weissagende Schwanenmädchen verwandeln. In vielen Märchen kommen Schwanenjungfrauen vor, die ihr Federkleid ablegen und sich auf diese Weise verwandeln können. Der Schwan symbolisiert oft weibliche Grazie. Aber er ist auch Symbol für königliche Haltung und für Frieden, etwa in der Gestalt des Schwanenritters Lohengrin.

In der christlichen Symbolik gilt der Singschwan als Symbol für den in Todesnot rufenden Heiland. In der Tat können nordische Singschwäne eigenartige Klagelaute von sich geben. Man schloss daraus, dass sie ihren bevorstehenden Tod ahnen.

Schwäne spielen in der Wappenkunst als Symbole edler Anmut und Reinheit eine wichtige Rolle. Selbst Schwanenorden gab es, in denen sich Ritter zusammenschlossen mit dem Ziel, karitative Ziele zu verfolgen.

Die **Gans** als Symboltier wirkt wie eine kleinere Version des Schwanes. Ihre Wachsamkeit rettete die Römer, als die Gallier das Kapitol erstürmen wollten. Gänse verfügen offenbar auch über die Fähigkeit, frühzeitig vor Erdbeben zu warnen. Der Flug der Wildgänse faszinierte die Schamanen der sibirischen Stämme. Im Trancezustand fühlten sie sich von ihnen in den Luftraum emporgehoben und ahmten den Schrei der Wildgänse nach. Das Bild der Wildgänse spielt offenbar auch bei der sagenhaften, in rauen Winternächten durch die Lüfte stürmenden „Wilden Jagd“ eine Rolle.

In der tiefenpsychologischen Symbolik deutet der Schwan auf geistige Interessen, auf guten Kontakt zur eigenen Psyche, auf Idealismus und Gefühlsbetontheit hin, während die Gans meist als Symbol für Wachsamkeit und Treue gilt.

Hase

In fast allen alten Kulturen ist der Hase ein Symbol für die weibliche Kraft, für den Mond, die Fruchtbarkeit, für Geburt und Wiedergeburt. Er galt als heiliges Tier und es war nicht erlaubt, sein Fleisch zu essen. Bei den Griechen und Römern gehörte er zu den Liebesgöttinnen und -göttern und zu dem Götterboten Hermes/Merkur.

Die Kelten und Germanen beeindruckte die Fruchtbarkeit des Hasen stark. Daher brachten sie ihn mit einem anderen Fruchtbarkeitssymbol, dem Ei, in Verbindung. Bis in unsere Zeit hielt sich der daraus entstandene Brauch vom Eier legenden Osterhasen. Er soll um die Zeit der Tag- und Nachtgleiche Fruchtbarkeit und ein reiches Erntejahr fördern.

In der Tiefenpsychologie ist der Hase eindeutig ein Fruchtbarkeitssymbol.

Hirsch, Reh, Rentier, Elch

Das gewaltige Geweih des Hirsches stellt symbolisch seine Antennen zur Anderwelt hin dar. Schon seit Urzeiten verehrten die Menschen den Hirsch ebenso wie die Hirschkuh und das Reh als heilige Tiere. Sie galten als ausschließlich positiv betrachtete Boten der Anderwelt. Mit dem Hirsch verbanden sich vor allem Vorstellungen von Spiritualität, Fruchtbarkeit, Kreativität, Geburt und Wiedergeburt. Er gilt aber auch als Symbol von Anmut, Sanftheit und Schönheit, verbunden mit großer Kraft. Dem Hirsch spricht man heilerische Fähigkeiten zu, da er Heilkräuter erkennen kann.

Diana/Artemis wird häufig zusammen mit einem Hirsch dargestellt. Der keltische Herr der Tiere, Cernunnos, trägt ein Hirschgeweih. Auf christlichen Bildern findet man den Hirsch häufig als Symbol. Mit einem Kreuz im Geweih ist er den Heiligen Hubertus und Eustachius zugeordnet.

Im Volksglauben kommt dem Hirsch, wohl wegen seiner Brunftkämpfe, manchmal eine erotische Bedeutung zu. In der Mythologie gehören Hirsch und →*Einhorn* zusammen. Sie symbolisieren Seele und Geist.

Pferd

Schon in Höhlen finden sich Pferdedarstellungen als die wichtigsten Motive auf Abbildungen, die aus der Eiszeit stammen. Doch die Menschen zähmten Pferde erst Jahrtausende später. Von da an blieb das Pferd ein ständiger und treuer Begleiter der Menschen. Die Beziehung zwischen dem Pferd und seinem Herrn war in früheren Zeiten wohl die persönlichste, die zwischen Tier und Mensch überhaupt denkbar ist. Wegen seiner Schnelligkeit und Sprungkraft galt es als Sonnensymbol und als Zugtier des Himmelswagens. Diese Bedeutung klingt in der Antike in dem Flügelpferd Pegasus an.

Für die Menschen war das Pferd lange Zeit so wichtig wie für uns heute das Auto. Mit seiner Hilfe konnten sie weite Entfernungen zurücklegen. So verbindet sich im Kollektiven Unbewussten mit dem Pferd meist die Vorstellung vom Reisen. Doch es gilt auch als Symbol für Freiheit, Vitalität und kraftvolle Schönheit.

Bei den Kelten galten Pferde als machtvolle Boten der Anderwelt. Auf ihnen ritten Göttinnen zwischen den Welten hin und her. Pferdeschädel auf Hausgiebeln angebracht finden sich bis heute vor allem an niedersächsischen Bauernhöfen. Sie sollen Unheil abwenden.

In den Volksmärchen treten Pferde häufig als wahrsagende, zauberkundige Wesen auf. Sie sprechen mit Menschenstimmen und geben den ihnen vertrauenden Menschen wertvolle Hilfen und Ratschläge. In den christlichen Legenden spielen Pferde bei mehreren Heiligen eine Rolle: St. Georg, der den Drachen tötet, aber auch der Heilige Martin, der seinen Mantel mit einem Bettler teilt, St. Hubertus und St. Eustachius werden beispielsweise auf Abbildungen häufig als Reiter dargestellt.

In seiner tiefenpsychologischen Bedeutung gilt das Pferd meist als Symbol für Lebenskraft, Ausdauer und Schnelligkeit.

Löwe

Als Sonnensymbol verfügt der Löwe über das Licht, die Wärme, die Hitze und Kraft unseres größten Himmelkörpers, ohne den Leben auf der Erde nicht möglich wäre. Der Löwe verkörpert Stärke, Macht, Führungseigenschaften, Ansehen und Mut. Nicht zufällig ist er daher eins der bedeutendsten Wappentiere, das sich zum Beispiel in den Staatswappen von Großbritannien, Bayern und dem einstmals mächtigen Venedig findet. Christliche Bilder stellen den Löwen oft als Begleiter folgender Heiliger dar: Adrian, Daniel, Hieronymus, Januarius, Markus, Martina, Simson, Thekla und Vitus.

Die tiefenpsychologische Symbollehre sieht den Löwen als ein Wesen mit großer Energie. Der Löwe ist Ausdruck souveräner Herrschaft, die gelassen und ohne unnötige Kraftanstrengung ausgeübt wird, doch im Kampf unaufhaltsam, konsequent und vernichtend wirkt. Der Löwe gilt aber auch als Sinnbild für schöpferische geistige Kraft und Kreativität.

Kuh

Die Kuh ist seit alter Zeit ein kraftvolles Symbol für Mütterlichkeit, Weiblichkeit und nährende Energie. Im alten Ägypten verehrte man die Göttin Hathor als Himmelskuh. Aus ihrem Euter entsprang die Milchstraße. Ihr Körper bildete das Firmament. Und jeden Tag aufs Neue gebar sie die Sonne. Berühmt ist die heilige Kuh Indiens. Sie schenkt Fruchtbarkeit und Fülle. Auch in den germanischen Mythen galt die Kuh als Schöpferin. Bei den Kelten gab es die Kuh als dreifache Göttin: Als Jungfrau war sie weiß, als Mutter rot und als alte Weise schwarz. Sie stand mit den Feen aus der Anderwelt und mit Natur- und Pflanzengeistern in engem Kontakt. In ehemals keltischen Gegenden hat sich bis heute die Sitte gehalten, das Vieh zu schmücken, wenn es im Frühjahr auf die Weiden und im Herbst wieder in die Ställe zurückgetrieben wird.

In der Tiefenpsychologie gilt die Kuh als Sinnbild nährender Mütterlichkeit und umsorgender Weiblichkeit.

Schwein, Eber

Entgegen sprichwörtlicher Redensarten ist das **Schwein** ein bemerkenswert intelligentes Tier. Es verfügt über Kontaktfähigkeit und Sensibilität. Bis in unsere Zeit stellt es ein kraftvolles Glückssymbol dar. Das Schwein steht außerdem mit Fruchtbarkeit, Mutterschaft und Reichtum in Zusammenhang.

Der **Eber** als Krafttier gilt dagegen als Symbol für Kampfgeist und Wildheit. Er war bei den Kelten das typische Zeichen der Krieger. Bei den Germanen stand er mit dem Göttervater Wodan und mit Freya in Verbindung. Er verkörpert wilde ungezähmte Kraft, die in uns noch immer vorhanden ist. Bei manchen Menschen muss sie gestärkt werden. Andere wieder müssen lernen, diese Kraft zu beherrschen und sie zu zähmen.

Das Schwein als modernes Glückssymbol geht wahrscheinlich auf die Sitte zurück, bei Schützenfesten dem Letzten ein Schwein zum Spott als Trostpreis zu überreichen.

Volkstümliche Redensarten wie „Schwein gehabt“ zeigen deutlich den Glücksaspekt dieses Tieres. In seiner tiefenpsychologischen Bedeutung kommt das Schwein häufig als Glückssymbol vor. Es kann aber auch auf sexuelle Kraft und auf weibliche Fruchtbarkeit hinweisen. Im übertragenen Sinne bedeutet es oft seelische Bereicherung oder geistige Potenz.

Spinne

Die Spinne ist das Symbol der Schicksalsgöttinnen, der Nornen. Mit ihren Fäden verknüpft sie die Vergangenheit mit der Zukunft.

Bei vielen Indianerstämmen war die Spinne eine Schöpfergöttin. Man nannte sie „Großmutter Spinne“. Sie brachte Regen, Reichtum und Glück und schützte vor Stürmen. In vielen Kulturen brachte man die Spinne mit der Mondgöttin in Verbindung.

Wegen ihres kunstvoll wie ein →*Mandala* angelegten Netzes, in dessen Mitte sie sich aufhält, galt die Spinne in Indien als Symbol der kosmischen Ordnung. Alte indische Schriften nennen sie auch als Sinnbild der Selbstbefreiung, da sie sich auf dem Faden fortbewegen kann, den sie selbst geschaffen hat.

Auf christlichen Bildern ist ein Kelch mit einer Spinne das Zeichen des heiligen Norbert und des heiligen Konrad.

In der Tiefenpsychologie gilt die Spinne als Symbol für Intrigen und für die festhaltende, ihre Kinder einengende →*Mutter.*

Storch

Störche erreichen oft das hohe Alter von 70 Jahren. Daher gelten sie in Asien vielfach als Symbole für Langlebigkeit. Bei den alten Griechen war der Storch ein Begleiter der Göttin Hera. Ihr besonderes Anliegen lag im Schutz der Familien. Der Storch gilt auch als Schutzsymbol für stillende Frauen. Aber auch den Wagen des Götterboten Hermes, der für Handel und Kommunikation zuständig war, zogen Störche. In der christlichen Symbolik steht der Storch in Zusammenhang mit Reinheit, Frömmigkeit und Erlösung. Bis in unsere Zeit hinein ist „Meister Adebar“ vor allem ein Fruchtbarkeits- und Geburtssymbol.

In seiner tiefenpsychologischen Grundbedeutung weist dieses Symbol auf seelisch vertiefte und geistig durchdrungene Gefühlskraft hin. Es verkörpert aus dem Unbewussten aufsteigendes Ahnungsvermögen und psychische Ausgeglichenheit und deutet oft auf das Entstehen neuer Gefühle, kreativer Ideen oder Kunstwerke hin.

Tiger

In vielen Kulturen ist der Tiger ein Symbol von Kraft und Weisheit. Die Macht einiger indischer Götter zeigt sich darin, dass sie auf einem Tiger reiten. Ein Tiger ist das Begleittier der indischen Göttin Kali. Ihre Themen sind Schöpfung, aber auch Zerstörung, Sexualität, Leben ebenso wie Tod. In China schützt man Tore und Gräber durch Tiger aus Stein, damit sie die bösen Geister abschrecken. Der Tiger als Symboltier hat mit Schutz und mit Kampf zu tun. Er verkörpert auch Impulsivität, Schnelligkeit, Geschmeidigkeit, Schönheit und Alleinsein in positivem Sinne, denn der Tiger ist ein Einzelgänger.

In der tiefenpsychologischen Symbolsprache weist der Tiger auf Lebenskraft, Leidenschaftlichkeit und Aggressivität hin, die sich hier durchaus positiv im Sinne zupackender Tatkraft verstehen lässt.

Ziege

In vorchristlicher Zeit verehrten die Menschen überall in Europa, von Skandinavien bis zum Mittelmeer, Ziegen als heilige Tiere. Die Insel Capri war den Ziegen geweiht. „Capra“ bedeutet in der lateinischen Sprache „Ziege“. Eine Ziege nährte den Gott Jupiter als Säugling. Ziegen zogen den Wagen des Germanengottes Thor. Pan, der Gott des Wachstums in der Natur, zeigte sich in der Gestalt eines Ziegenbocks.

Bis heute stellt man in Skandinavien „Jul-Ziegen“ aus Stroh her. Sie dienen bei den Wintersonnenwendfeiern als symbolische Opfertiere.

Im Christentum erreichten die Ziegen kein hohes Ansehen. Zu eng waren sie mit dem alten heidnischen Glauben verbunden.

Als tiefenpsychologisches Symbol steht die Ziege meist für Genügsamkeit, Gewandtheit und Anpassungsfähigkeit. Der Ziegenbock gilt häufig als Symbol für Eigensinn, Aggressivität und männliche Triebkraft.

Bilder des Aufbruchs und der Verwandlung

Durch ein Tor/eine Tür gehen

Das Tor, ebenso die Tür, ist ein Symbol der Abgrenzung, aber auch des Übergangs zwischen zwei verschiedenen Lebensbereichen. So kennzeichnet das Tor auch den Übergang vom Diesseits zum Jenseits, von der Gegenwart in die Zukunft oder von einem Lebensabschnitt in den nächsten. Wer durch das Tor geht, verändert seine Lebensperspektive entscheidend. Ist das Tor verschlossen oder lässt es sich nur schwer öffnen, so fehlt es wahrscheinlich noch an der inneren Bereitschaft zum Aufbruch in eine neue Lebenssituation. Oft blockieren Ängste das Durchschreiten des Tores. Denn jeder Aufbruch in neue unbekannte Regionen löst verständlicherweise Angst in uns aus. Den Bereich, in dem wir leben, kennen wir genau. Er gibt uns Sicherheit. Aber jenseits des Tores wartet Unbekanntes auf uns, von dem wir nicht wissen, wie wir ihm begegnen sollen. Und doch ist der Aufbruch trotz aller „Schwellenangst“ im Leben immer wieder aufs Neue notwendig.

Den Berg besteigen

Wer auf dem Gipfel eines hohen Berges steht, hat einen anderen Blickwinkel als von seiner gewohnten Umgebung aus. Das kann bedeuten: Er sieht seine Probleme in anderem Licht als bisher. Er gewinnt neue Erkenntnisse.

Die Gipfel hoher Berge waren früher heilige Orte. Dort traten die Menschen in Kontakt zu den Göttern. Tempel, Kirchen und Burgen baute man früher auf Bergen. Diese Lage hob die besondere Bedeutung dieser Gebäude hervor.

In Zeiten des inneren oder äußeren Umbruchs in unserem Leben begegnen uns Gipfelsymbole häufig. In Situationen, in denen wir in Gefahr sind, die Orientierung zu verlieren, geben sie uns manchmal den Überblick und zeigen uns, welche Richtung wir einschlagen können (*→Turm, →Leuchtturm*).

In die Wüste gehen

Die Wüste ist meist ein eher gefährlicher Ort, an dem einem das Lebenswasser ausgehen kann. Da droht lebensfeindliche, sengende Hitze. Da begegnet man der Einsamkeit in ihrer härtesten Form bis hin zu Sinnestäuschungen, Halluzinationen, Stimmen hören und Visionen. Schlangen können den Menschen in dieser Umgebung Angst einjagen. Mitunter droht selbst der Verlust der lebendigen Beziehung zur Wirklichkeit.

Doch die Wüste ist auch ein Ort der freiwilligen Zurückgezogenheit und der notwendigen Askese. Von Jesus und den alten Propheten, aber auch von modernen Menschen unserer Zeit wissen wir, dass sie sich in die Wüste zurückzogen, um zu sich selbst zu finden. Aus der Zurückgezogenheit, die sie oft mit Fasten verbinden, schöpfen sie neue Ideen und neue Kraft.

Seine Sachen packen – Koffer, Tasche, Gepäck

Eine typische Lebenssituation: Ein junge Frau sitzt in ihrem Zimmer. Rund um sie verstreut liegen ihre Sachen. Sie sitzt auf einem Koffer. Reisetaschen stehen herum. Als die Frau den Koffer öffnet, sieht sie darin allerlei Kleidungsstücke. Sie probiert einige an und tritt damit vor den Spiegel. In einem Kleid fühlt sie sich besonders wohl und beschließt, es anzubehalten. Sie spürt, wie ihr gerade dieses Kleid neues Selbstbewusstsein gibt. Genau das ist es, was sie in ihrer augenblicklichen Lebenssituation am meisten braucht. Sie ist im Begriff, eine neue Stelle in einer fremden Stadt anzutreten.

Wer seine Sachen packt, bereitet sich auf eine entscheidende Veränderung in seinem Leben vor. Wenn man seine **Koffer** packt, dann geht es darum, seinen Lebensort zu verändern, umzuziehen, zu verreisen, sich anderswo niederzulassen, jedenfalls die bisherige Lebensweise einschneidend zu verändern.

Hilfreich für das Begreifen solcher Veränderungssituationen kann es sein, wenn wir einen Blick auf die Gegenstände und Kleidungsstücke werfen, die eingepackt werden. Denn im allgemeinen packen wir solche Gegenstände ein, von denen wir erwarten, dass wir sie in der neuen Lebenssituation brauchen. Was nicht mehr passt, geben wir auf, legen es als unbrauchbar ab, wenn wir herausgewachsen sind oder etwas für unser Leben als nicht mehr sinnvoll empfinden.

Meist drückt sich in solchen Bildern der innere Wachstumsprozeß aus, den wir in unserem Leben durchlaufen. Manchmal löst er Ängste in uns aus. Wir wissen ja niemals genau, was in der neuen Lebenssituation auf uns zukommen wird. Und doch lässt sich nichts festhalten. Leben ist Veränderung.

Veränderungssituationen im Leben sind oft von Chaos bestimmt. Die langjährige Beziehung zum Partner ist zerbrochen. Oder die berufliche Tätigkeit, die jemand mit Interesse ausgeübt hat, wurde aufgegeben, weil man/frau sich vom Chef ausgenutzt fühlte und es immer wieder zu Streit kam. Chaos ist häufig der Zustand, der einer neuen Ordnung vorangeht. Die Kleidung, auf welche die Wahl beim Anprobieren fällt, deutet oft auf die neue berufliche Rolle: So möchte ich sein. So will ich von den anderen gesehen werden. So möchte ich leben.

Neue Kleider anlegen, Hüte tragen

Verändert jemand seine Kleidung oder seine Frisur oder sein Outfit überhaupt völlig, so deutet das auf eine Veränderung des Bildes hin, das er bzw. sie von sich selbst hat. Langes Haar hat oft erotische Ausdrucksfähigkeit. Träumt eine Frau, die ihr Haar kurz trägt, von einer neuen Frisur mit langem, wallenden Haar, so gibt sie vielleicht der Sinnlichkeit in ihrem Leben einen neuen Stellenwert. Schneidet sich eine Frau mit langem Haar ihre Haare ab, so kann es sein, dass sie sich in ihrem Leben stärker auf Beruf und Karriere konzentrieren will.

Ähnlich wie die Kleidung deutet auch die Kopfbedeckung, die jemand trägt, auf seine Rolle hin, die er im Leben spielen möchte. Auf der Symbolebene kann ein neuer **Hut** auf den Wunsch hindeuten, im realen Leben eine neue Rolle zu spielen. Manchmal drücken sich berufliche Veränderungswünsche in diesem Symbol aus. Das Barett des Richters, die Mütze des Polizisten, der Soldatenhelm, die Bäckermütze – sie alle haben als Zeichen beruflicher Zugehörigkeit entsprechende Bedeutung.

Da man Hüte auf dem Kopf trägt, besteht manchmal eine symbolische Beziehung zum Intellekt. Ist der Hut auffallend groß, so zeigt das oft auf der Symbolebene, wie wichtig die neue Rolle ist, die wir im Leben spielen möchten.

In der Sprache der Symbole sind Baby- oder Kinderkleider oft ein Hinweis darauf, dass wir aus etwas herausgewachsen sind. Begegnen Ihnen solche Symbole gehäuft, so stellt sich die Frage, mit welchen Seiten Ihres privaten oder beruflichen Lebens Sie nicht mehr zufrieden sind. Häufig weisen solche Bilder auf anstehende Veränderungen im Leben hin. Es gilt, Abschied zu nehmen von Altem und Überlebtem, um sich Neuem zu öffnen.

Ein Fahrzeug besteigen – Zug – Kutsche – Auto – Omnibus – Schiff

Das eigene Auto. Autos stehen in der Symbolsprache fast immer für die eigene Identität. Sie weisen auf die Art hin, wie wir uns im Leben fortbewegen. Auch geben sie Aufschluß über die motorische Energie, über die Lebenskraft und über die Einstellung zum Leben.

Rasante Sportwagen haben oft sexuelle Bedeutung. Sie symbolisieren den Rausch der Freiheit, Unabhängigkeit, Dynamik und Potenz. **Kutschen** sind die Vorfahren des Autos. **Züge** und **Omnibusse** betonen stärker den Gemeinschaftsaspekt der Fortbewegung. Das **Schiff** ist meist als Lebensschiff zu verstehen.

Die Maske

Masken sind in vielen alten Kulturen Ausdruck der Anwesenheit übernatürlicher Wesen. Wer eine Maske anlegt, fühlt sich innerlich verwandelt und nimmt während dieser Zeit Eigenschaften des Wesens an, das die Maske darstellt. Dabei kann es sich um Götter, aber auch um Dämonen handeln. Die Psychologin und Anthropologin Felicitas Goodman konnte nachweisen, dass allein das Tragen von Masken und das Einnehmen bestimmter ritueller Körperhaltungen innere Bilder auslöst, die mit alten Jagd- und Heilungsritualen der Frühzeit zusammenhängen. Wie die dabei genutzten rituellen Körperhaltungen beschaffen sind, war ihr aus vorzeitlichen Bilddarstellungen und Skulpturen bekannt.

Ritualmasken, meist aus Holz, spielen bei vielen Naturvölkern in allen Teilen der Welt eine Rolle, auch bei Geheimbünden. In der Antike nutzte man Masken zur Identifikation mit dem Übernatürlichen. Die Theatermasken lassen sich von den Kultmasken des Rauschgottes Dionysos her verstehen. Schreckmasken, wie sie bis heute bei alemannischen Fastnachtsumzügen getragen werden, sollen böse Geister und ungünstige Einflüsse abwehren. Schreckmasken oder aus Holzbalken geschnitzte Schreckköpfe finden sich bis heute an alten Fachwerkhäusern in verschiedenen Gegenden Deutschlands. Masken legte man auch den Toten auf das Gesicht, wohl um den Verfall der Gesichtszüge zu verbergen. Solche Masken sind aus der griechischen Antike, aber auch aus steinzeitlichen Hügelgräbern in der Steiermark bekannt. Die Römer trugen teilweise bei ihren kriegerischen Auseinandersetzungen Masken, offenbar nicht nur zum Schutz, sondern auch, um dem Träger ein heldenhaftes Aussehen zu geben.

Hinter der Maske lässt sich das Alltagsgesicht verbergen. Sie ermöglicht, in eine andere Rolle zu schlüpfen, die sich an eigenen, mitunter unbewussten Wunschvorstellungen orientiert. Die Maske erleichtert es dem Träger, über sich selbst hinauszuwachsen, weil er sich mit für ihn wesensfremden, manchmal sogar übermenschlichen Kräften identifizieren kann. Auf diese Weise können im Inneren aufgestaute, verborgene Energien zum Fließen gebracht werden. Hinter der Maske lassen sich aber auch negative Eigenschaften, Aggressivität ebenso wie übermäßiges Geltungsstreben, verbergen. Die Maske ermöglicht die Stärkung der Persönlichkeit, da sie ein unverbindliches Probehandeln dort zulässt, wo Angst das eigene Handeln blockiert. Ähnlich wie im Spiel der Kinder können in diesem Symbol wertvolle Chancen zu innerem Wachstum liegen, wenn es verantwortungsvoll genutzt wird.

Leiter, Treppe

Die Leiter ist in der christlichen Kultur ein Symbol der Verbindung zwischen Himmel und Erde. Sie verkörpert Möglichkeiten, dem Himmel näher zu kommen.

Besonders eindrucksvoll ist der Traum Jakobs von der Himmelsleiter im Alten Testament. Als Jakob sich in einer besonders gottverlassenen Notsituation befindet, träumt er in der Nacht von einer Leiter, auf der Engel auf- und niedersteigen: Ausdruck eines lebendigen Austauschs zwischen Gott und dem Menschen. Das Symbol der Leiter verkörpert den Aufstieg der Seele zum Himmel. Einzelne Stufen der Leiter verglich man mit bestimmten Tugenden, die auf dem Weg zum Himmel erreicht werden müssen. Ganz allgemein gilt die Leiter als Möglichkeit, eine Verbindung zu höheren Sphären zu schaffen. Bei verschiedenen Naturvölkern spielt die Leiter als symbolisches Instrument bei den Seelenflügen der Schamanen im Trancezustand eine wichtige Rolle.

In ihrer tiefenpsychologischen Bedeutung symbolisieren Leitern und Treppen Übergangssituationen im Sinne eines Auf- oder Abstiegs. Solche Bilder können sich auf die berufliche, soziale oder auch auf die persönliche psychische Situation beziehen.

Mond

Der Mond gilt als weibliches Symbol. In vielen Sprachen ist er dem weiblichen Geschlecht zugeordnet. Zum Beispiel nennt man ihn la lune im Französischen. Denn er empfängt sein Licht von der Sonne und verkörpert den ständigen Wechsel von Sterben und Neuentstehen in der Natur.

Schon seit früher Zeit ist den Menschen sein Einfluss auf Stimmungen, auf den Zyklus der Frau, auf Ebbe und Flut und auf das Wachstum der Pflanzen bekannt. Die unterschiedlichen Phasen des Mondes stehen mit den verschiedenen Rhythmen des Lebens auf der Erde in Verbindung. Deshalb galt in vielen Ackerbaukulturen die Zeit des zunehmenden Mondes als günstig für die Aussaat. Die abnehmenden Mondphasen eigneten sich dagegen stärker für die Ernte.

Auch in der Tiefenpsychologie hat der Mond weibliche Symbolbedeutung. Seit alter Zeit stellt er die kosmische Entsprechung der obersten weiblichen Gottheit dar.

Frosch

Der Frosch verändert seine Gestalt mehrfach in auffallender Weise: vom Ei zur Kaulquappe, bis hin zu einem vierbeinigen Wesen. Im alten Ägypten galt er daher als ein Symbol der Fruchtbarkeit und des entstehenden, sich immer wieder erneuernden Lebens. Obwohl er ein kleines Tier ist, verschafften ihm seine lautstarken Konzerte und seine Aktivitäten als Insektenvertilger bei den Menschen viel Beachtung und hohes Ansehen.

Als Tier der Liebesgöttin Aphrodite/Venus hatte der Frosch bei den Griechen und Römern mit allen Formen erotisch gefärbter Liebe zu tun, auch mit der Frucht im Mutterleib. In manchen Kulturen gilt er als Glückssymbol, besonders für Reisende.

In den Volksmärchen, zum Beispiel im Märchen vom „Froschkönig“, ist der Frosch ein Symbol der Wandlung. Aus dem hässlichen und verachteten Tier wird ein ansehnlicher Prinz.

Weil der Frosch ebenso auf der Erde wie im Wasser zu Hause ist, vermittelt er auf der tiefenpsychologischen Symbolebene zwischen dem Unbewussten, der Welt der Gefühle und der materiellen Welt unserer alltäglichen Erfahrungen. Auch gilt der Frosch als Symbol der Sexualität, die angenommen werden will, damit sich die Liebe auf körperlicher ebenso wie auf seelischer Ebene voll entfalten kann.

Libelle

Die Libelle gilt als Zeichen der Wandlung. Sie hat ungefähr die gleiche Symbolbedeutung wie der Schmetterling (→*Schmetterling*).

Schmetterling

Der Schmetterling verwandelt sich in seinem realen Leben mehrfach: vom Ei zur Raupe, von der Raupe zur Puppe und dann erst zum Schmetterling. Auf Bildern werden Elfen ähnliche Wesen und Fantasiegestalten oft mit Schmetterlingsflügeln dargestellt. Darin drückt sich ihre Nähe zur Anderwelt aus.

Als tiefenpsychologisches Symbol weist der Schmetterling auf seelische Verwandlungen hin. Das Flattern des Schmetterlings in seinem Flug ist meist als Bild für das Umherirren und Suchen der Seele zu verstehen.

Schlange

Die Schlange ist eins der vielschichtigsten und ältesten Tiersymbole. Ihre Symbolbedeutung hat in vielen alten Kulturen mit Grundthemen wie Lebenskraft, Schöpferkraft, Verwandlung, Geburt, Leben, Tod und Wiedergeburt zu tun, aber auch mit Heilung, Fruchtbarkeit, Sexualität und mit Weisheit.

Besonders bedeutsam ist das Bild der sich in den Schwanz beißenden Schlange. Sie wird im Griechischen Uróboros genannt und gilt als Sinnbild der Unvergänglichkeit des Lebens, wie es sich zum Beispiel in der Wiederkehr der Jahreszeiten zeigt.

Die Schlange steht mit Erde und Wasser in starker Verbindung und verkörpert daher vielfach Fruchtbarkeit und das Weibliche überhaupt. Als Hausschlange gilt sie in vielen Mythen als Segen der Ahnen. Schlangen streifen mehrfach in ihrem Leben ihre alte Haut ab und scheinen sich auf diese Weise zu erneuern und zu regenerieren. Daher sprach man ihnen die Fähigkeit der Wandlung und Verjüngung zu.

In Asien gilt das Bild einer am unteren Ende der Wirbelsäule zusammengerollten Kundalini-Schlange als Symbol der Lebensenergie, die man durch meditative Übungen wecken und in ihrer Qualität erhöhen kann.

In etlichen Volksmärchen spenden dankbare Schlangen Perlen. Und gekrönte Schlangen, die mit Milch ernährt werden, spielen in alten Sagen oft in Zusammenhang mit Heilung und Wiedergeburt eine Rolle. Ein typisches Heilungssymbol ist bis heute die Äskulapnatter, eine doppelte Schlange, die sich um einen Stab windet.

Alte Felsmalereien zeigen , dass in afrikanischen Kulturen riesige Schlangen Regen, Wasser und Fruchtbarkeit verkörperten.

In der Bibel erhält die Schlange nicht nur als Verkörperung des Bösen Bedeutung, sondern als eiserne Schlange ist sie das Tier des Mose, als geflügelte Schlange begleitet sie den Heiligen Silvester. Eine Schlange als Stab oder eine, die sich um einen Stab windet, findet sich auf alten christlichen Bildern öfters in Begleitung von Heiligen.

In der tiefenpsychologischen Symbollehre ist die Schlange ein bedeutendes Bild für psychische Energie, das weit in die Stammesgeschichte der Menschen zurückreicht. Sie kommt häufig als Wandlungs- und Wiedergeburtssymbol vor, aber auch als Ausdruck sexueller Energie.

Kreis

Der Kreis ist Symbol der Ganzheit, denn er hat weder Anfang noch Ende, sondern ist in sich geschlossen. Das Erscheinungsbild der Sonne und des vollen Mondes entspricht dem Kreis. Der Lauf der Jahreszeiten lässt sich als Kreis darstellen. Alte Kultanlagen wie Stonehenge in Südengland sind in Form eines Kreises angelegt worden. Als Symbole für Ewigkeit galt in Ägypten eine in Kreisform geknotete Schnur, bei den Griechen die sich in den Schwanz beißende Schlange (Uróboros). Kreise entstehen, wenn man einen Stein ins Wasser wirft. Auf vorzeitlichen Steingräbern in Irland und in der Bretagne finden sich Symbole, die an dieses Bild erinnern. Sie können als Sinnbild für das Versinken im Wasser des Todes und möglicherweise auch für das Wiederaufsteigen daraus im Sinne einer Wiedergeburt gelten.

Frühe christliche Bilder stellen den Heiligenschein in Form eines Kreises dar. Das Wachstum in der Natur bringt häufig kreisrunde Formen hervor. Deshalb legen Indianer beim Anlegen ihrer Lager, beim Bau ihrer Tipis und bei ihrer Sitzordnung die Formen des Kreises zugrunde. Reigentänze lassen sich als getanzte Kreise verstehen. In den östlichen Religionen bedeutet der Kreis Erleuchtung und die Vollkommenheit des Menschen in Einklang mit der Schöpfung.

In der Tiefenpsychologie ist der Kreis ebenso wie der Ring und die Kugel ein Ganzheitssymbol. Die alten Märchen und Mythen schrieben ihm oft die Kraft eines Schutz- und Abwehrzaubers zu. Alles, was sich im Kreis abspielt, hat besondere Bedeutung. Häufig gilt der Kreis als Symbol für die Konzentration psychischer Energie.

Ofen

Öfen kommen als Schmelzöfen oder als Backöfen in unterschiedlicher Symbolbedeutung vor. Im Alten Testament der Bibel ist der Schmelzofen, dem nicht einmal Eisen standhalten kann, ein Sinnbild für Prüfung und Elend, vor allem aber für Läuterung.

In nördlichen Gegenden hat der Ofen einen völlig anderen Sinngehalt. Hier ist er der wärmende Mittelpunkt, um den sich im Winterhalbjahr das häusliche Leben gruppiert und auf dem man auch die Speisen zubereitete. Er ist der Ort, an dem Lebensenergie in Gestalt des gezähmten Feuers fließt und dem Menschen dient. Aufgrund seiner Hohlform gilt der Ofen auch als archetypisches Muttersymbol. So wird beispielsweise in dem Grimm-Märchen von der Gänsemagd dem Ofen gebeichtet, was sonst niemand hören darf. Der Backofen, in dem Hänsel und Gretel die Hexe verbrennen, ist wohl in erster Linie als eine andere Art Scheiterhaufen zu verstehen. Nach C. G. Jung ist er aber auch ein Ort der Verwandlung, an dem Speisen ebenso wie menschliche Eigenschaften zubereitet und veredelt werden. In der tiefenpsychologischen Symbolsprache stellt der Ofen oft den Bereich der Gefühlswärme dar.

Schwert

Das Schwert gilt als ausgesprochen männliches Symbol für Kraft, Kampfesmut, Macht und Gerechtigkeit. Es verkörpert allgemein vitale Kraft und wird dem Gott Mars zugeordnet. In der Bibel bewacht nach dem Sündenfall ein Engel mit einem flammenden Schwert den Eingang des Paradieses. Auf vielen Abbildungen kämpft der Erzengel Michael mit einem Schwert gegen das Böse. Im germanischen Raum gab es rituelle Schwerttänze. In den Heldensagen, zum Beispiel im Nibelungenlied, erhalten Schwerter Namen, die auf die hohe magisch-symbolische Wertschätzung des Schwertes in damaliger Zeit schließen lassen. Im Mittelalter hatte das Schwert beim Ritterschlag ebenfalls rituelle Bedeutung. Ein in das Bett zwischen Mann und Frau gelegtes Schwert galt als Symbol der Keuschheit.

Tiefenpsychologisch deutet das Symbol des Schwertes auf Herrschaftsgewalt und Gerichtsbarkeit hin. Diese Bedeutung hat es beispielsweise in dem Bild der Justitia mit Schwert und Waage. Das Schwert hat aber auch die Bedeutung eines Instruments zum Teilen, Unterscheiden und Analysieren psychischer Inhalte.

Bilder, die der Seele Flügel geben

Das Flugzeug besteigen, fliegen, auf dem Wind reiten

Der Wunsch zu fliegen ist wahrscheinlich fast so alt wie die Menschheit selbst. Schon die griechische Mythologie erzählt von ihm: Ikarus befestigt mit Wachs Flügel an seinen Armen. Er fliegt – höher und höher. Doch er kommt der Sonne zu nahe. Das Wachs an seinen Flügeln schmilzt, und er stürzt ab.

Lange Zeit, bevor die Idee der Erfindung von Flugmaschinen in den Menschen Form annahm, flogen die Schamanen und die Hexen mit oder ohne Flughilfen über Land. Sie ritten auf dem Wind, wie es in der damaligen Sprache hieß. Flugreisen in Nacht- und Wachträumen und in der Fantasie, ob mit oder ohne Hilfe halluzinogener

Drogen, Besen oder Zauberteppiche, sind weder eine Seltenheit noch Spinnerei.

In unseren nächtlichen Träumen verfügen wir über solche Flugfähigkeiten noch immer.

So erlebt ein Mann mittleren Alters im Traum, dass er fliegen konnte: „Mein Flugzeug hob mühelos vom Boden ab. Ich sah, wie die Häuser und Bäume unter mir immer kleiner wurden. Schließlich verschwanden sie ganz. Um mich herum gab es nur noch Wolken. Bald sah ich auch sie nur noch weit unter mir. Doch dann schien die Luft um mich herum dünner zu werden. Sie trug mein Flugzeug nicht mehr so gut. Es sackte ab. Ich fiel in Luftlöcher und hatte Angst, abzustürzen. Mit Mühe gelang mir die Landung." Das Traumbeispiel gibt einen Ikarus-Traum wieder: Da ist einer, der vom Boden der Alltagswirklichkeit abhebt – ohne Probleme. Aber je höher er steigt, um so deutlicher zeigt ihm sein Traumbewußtsein die Grenzen: Der unendliche Höhenflug ist nicht dein Element. Ebenso brauchst du Bodenhaftung, die Erdschwere, um dein Leben sinnvoll leben zu können. Wer abhebt, kann stürzen. Je größer die erreichte Höhe, um so schmerzhafter der Fall.

In anderen Visionen und Bildern vom Fliegen spielt die Angst abzustürzen nur selten eine Rolle. Da herrscht bedingungsloses Vertrauen in die eigene Fähigkeit des Fliegens vor. Da ist alles selbstverständlich. Der Erfolg gerät keine Sekunde lang in den Strudel des Zweifels. Da wachsen Menschen weit über sich selbst und ihre Fähigkeiten hinaus, die ihnen im Alltagsleben gegeben sind. Der eigenen Kreativität, der persönlichen Entfaltung scheinen keine Grenzen gesetzt. Alles ist möglich. Jedes Ziel ist erreichbar. Das Vertrauen in die eigene Fähigkeit trägt.

Sigmund Freud erklärte Flugsymbole als sexuelle Wunschvorstellungen. Das können sie auch sein, wenn auch längst nicht nur. Das Gefühl des Fliegens und Schwebens zählt zum Rauscherleben, zu dem auch der Liebesrausch gehört. In unserem technischen Zeitalter ist das Fliegen zur alltäglichen Wirklichkeit geworden. Dementsprechend hat sich oft die symbolische Aussage von Bildern des Fliegens geändert. Das Flugzeug ist auch Übermittler weitreichender Gedanken und Ideen. Fliegen deutet in der Sprache der Symbole dementsprechend häufig auf persönliche Entfaltung, auf Kreativität und auf Freiheitsdrang hin.

Fliegen oder Schweben ohne Fluggerät kann bedeuten, dass man sich mit seinen Gedanken und Vorstellungen über die Realität hinaushebt. So entstehen oft neue Ideen. Wichtig ist dabei, den Grund unter den Füßen nicht vollkommen zu verlieren. Auf dem Boden der harten Tatsachen muß sich jede Idee überprüfen lassen, wenn sie nicht unverbindliche Fantasie bleiben soll.

Der Adler in den Lüften, hoch über den Wolken

Der Adler gilt als Symbol der Himmel stürmenden Macht und großer Wehrhaftigkeit. Er ist der König der Lüfte. Von allen Vögeln fliegt er am höchsten und hat die schärfsten Augen. Lebenselement des Adlers sind die Luft und der Wind, in denen er sich mühelos bewegt. Wohl auf Grund dieser Eigenschaften fand er als Wappentier seinen Platz in zahlreichen Staatswappen.

Der Adler gilt auch als Symbol hoher Bewusstheit, geistiger Größe und höchsten Wissens. C. G. Jung sieht in ihm ein Vatersymbol, aber auch ein uraltes Gottesbild.

In der Antike ließ man, wenn ein Kaiser bestattet wurde, gleichzeitig einen Adler fliegen. Er symbolisierte die zu den Göttern aufsteigende Seele des Toten. Andere alte Völker weihten den Adler dem Sonnengott. Man sagte ihm die Fähigkeit nach, sich wie ein Phönix verjüngen zu können (→*Der Phönix aus der Asche)*. Weil er Schlangen tötet, gilt er auch als Symbol für den Sieg des Lichtes über die dunklen Mächte. Im Christentum ist er ein Symbol des auferstandenen Christus. Man ordnet ihm auch Gerechtigkeit als Tugend der Herrscher, Kraft, die Fähigkeit zur Erneuerung, Scharfsichtigkeit und ein königliches Wesen zu. Mitunter gilt er aber auch als Symbol für Hochmut, offenbar wegen seines in die Ferne gerichteten Blicks, der das Naheliegende ignoriert.

Die Tiefenpsychologie sieht im Symbol des Adlers Macht, die in das Blau des Himmels der Geisteswelt und auf beschwingten Gedankenflug hindeutet. Die im Alltagsleben oft unvermeidbaren Kompromisse sind unter diesem Zeichen allerdings nicht zu erwarten.

Luft, Wind, Atem Gottes

Für viele alte Völker stellte der Wind in seinen unterschiedlichsten Formen die Absichten der Götter dar. Denn trotz seiner Unsichtbarkeit spürten sie doch seine ebenso segensreichen wie verheerenden Wirkungen.

In China ist Feng-Shui die Wissenschaft von Wind und Wasser. Bis heute berücksichtigt man dort ihre Gesetze bei der Errichtung von Gebäuden und bei der Einrichtung der Häuser.

In der Vorstellung vieler alter Völker kam der Wind direkt aus der Kehle der Götter. Eindrucksvoll ist die Windsymbolik in der Bibel. Sie versteht den Wind als Hauch Gottes, als Geist und Atem (Ruach). Mit seinem Atem erweckte Gott den ersten Menschen zum Leben. Die Gewalt der Elemente, Sturm, Erdbeben und Feuer sind nur seine Vorboten. Sein eigentliches Wesen beschreibt der Prophet Elias (19,11-13) als einen sanften Hauch.

Bei den alten Griechen bezeichnet das Wort Pneũma den Windhauch ebenso wie den Lebenshauch und den göttlichen Geist.

In volkstümlichen symbolischen Redensarten stehen die Unbeständigkeit und das schnelle Umschlagen des Windes im Vordergrund: „hier weht ein anderer Wind“, „seinen Mantel nach dem Wind hängen“, „der Wind hat sich gedreht“, „sich wie eine Fahne im Wind drehen“; oder in der Sprache der Seefahrer: „jemandem den Wind aus den Segeln nehmen“ oder „vor dem Wind segeln“.

In der tiefenpsychologischen Deutung kommen beide hier beschriebenen Grundbedeutungen vor. Der Wind gilt als Atem der Erde, als das Wirken höherer Mächte oder in der Sprache der Naturvölker ausgedrückt „der Windgeister“. Wegen seiner ständigen Veränderungen hat der Wind manchmal auch die Bedeutung von Unbeständigkeit und Flüchtigkeit.

Wie in der Wirklichkeit ist der Wind auch auf der Symbolebene ein Naturereignis: Erhebt er sich, so wird etwas Besonderes geschehen. Oft ist der Wind ein Hinweis auf starke geistige Energien. Wie der Wind ist auch der Geist nicht greifbare Materie. Wo eine starke geistige Bewegtheit einsetzt, dort teilt sich das in den Bildern unseres Unbewussten als herannahender Sturm mit. Aber auch die Windstille kann ein starkes Kraftsymbol sein. Sie ist oft ein Hinweis auf das innere Leerwerden, das die Menschen der östlichen Kulturen und inzwischen auch die Meditierenden des Westens als beglückende Fülle erleben und beschreiben.

Als starker Sturm kann das Symbol Wind auf heftige Emotionen bis hin zur Gewalt hinweisen.

Feder

In vielen alten Sagen gibt ein Federkleid den Menschen die Fähigkeit, sich in die Luft zu erheben und zu fliegen. Federn sind häufig ein Symbol für Leichtigkeit. Nach alter Vorstellung erheben die Federn den Vogel wie von selbst in die Lüfte. Im alten Ägypten ging man davon aus, beim Totengericht werde das Herz der Verstorbenen gegen eine Feder aufgewogen. Schuld dürfe das Herz nicht schwerer gemacht haben als eine Feder.

Federschmuck gehörte in vielen Kulturen, von den Azteken bis zu den Indianern Nordamerikas, zu den Würdezeichen der Könige und Häuptlinge. Im Kopfschmuck der nordamerikanischen Indianer hatte ursprünglich jede Feder einen symbolischen Erinnerungswert an Kriegstaten desjenigen, der sie trägt.

Die Redensart „sich mit fremden Federn schmücken“ geht auf eine alte Tierfabel zurück, in der sich ein Rabe mit den Federn eines Pfauen schmückte. In dem Märchen von Frau Holle symbolisieren die aus den Betten geschüttelten Federn die vom Himmel fallenden Schneeflocken.

In der tiefenpsychologischen Symbolsprache kommen Federn in unterschiedlichen Bedeutungen vor. Manchmal sind sie im Sinne der Redensart „zu Federn kommen“ gemeint. Dann deuten sie auf Reichtum hin oder auf den Wunsch, reich zu werden. Oft ist dieses Symbol aber auch im Sinne von „flügge werden“ gemeint. Hier sind Federn als Symbol für den menschlichen Wachstums- und Reifeprozess zu verstehen.

Vogel

Vögel sind Luftwesen. Sie symbolisieren daher meist die obere, die geistige Welt der Gedanken. Bei Wasservögeln verbindet sie sich mit der Welt der Gefühle, mit dem Unbewussten.

Vögel begleiteten die keltische Göttin Rhiannon. Sie sangen so schön, dass die Menschen ihre Alltagssorgen vergaßen, wenn sie ihrem Gesang zuhörten.

Vögel spielen in vielen Schöpfungsmythen eine Rolle. Als Donnervögel verkörpern sie bei den Indianern die elementaren Kräfte der Natur. Ähnlich sind die Blitzvögel in Südafrika zu verstehen. Ein Schlangenvogel vereinigte in Mittelamerika die Kräfte von Himmel und Erde. Vielfach symbolisieren Vögel Intelligenz und Weisheit. Die Schamanen etlicher Naturvölker trugen Vogelmasken und Federschmuck auf ihrer Reise in höhere Ebenen des Wissens und der Weisheit. Auf christlichen Bildern begleitet eine Schar von Vögeln den heiligen Franz von Assisi.

Tiefenpsychologisch verkörpern Vögel meist geistige Inhalte des Unbewussten. Wie diese Inhalte im einzelnen beschaffen sind, lässt sich oft aus der Art des Vogels näher bestimmen, der als Symbol dargestellt wird.

Bilder, die Schutz und Sicherheit geben

Christophorus

Christophorus wird bereits seit dem 5. Jahrhundert verehrt und gehört zu den „14 Nothelfern“. Hinter vielen Heiligenlegenden steht eine historisch fassbare Persönlichkeit, um deren reales Leben sich die Legende herumrankt. Hinter Christophorus ist keine konkret fassbare Persönlichkeit erkennbar. Die Legende geht auf sehr alte mythische Quellen aus unterschiedlichen Kulturen zurück. Sie erzählt von ihm als einem Riesen mit Namen Offero oder Reprobus. Er soll aus dem wilden Volksstamm der „Hundeköpfe“ stammen und wollte seine

Dienste nur dem Allerstärksten anbieten. Er diente einem König, doch der fürchtete sich vor dem Teufel. Also diente Offero dem Teufel. Doch der fürchtete sich vor dem Kreuz. Deshalb wollte Offero Gott dienen. Als er ein Kind, das Jesuskind, über den Fluss trug, wurde ihm dieses so schwer, dass es ihn unter Wasser drückte und ihn dabei Christophorus, den Christusträger, taufte.

Bilder zeigen ihn meist als Riesen mit einem grünenden Stab in der Hand als Symbol göttlicher Gnade. Auf seinen Schultern trägt er das Jesuskind, das als Sinnbild der Welt den Reichsapfel in der Hand hält. Christophorus gilt als Beschützer vor plötzlichem Tod, in unserer Zeit daher als Patron der Autofahrer.

In die Legende eingeflossen sind wahrscheinlich ägyptische Darstellungen des hundeköpfigen Gottes Anubis mit dem Horusknaben oder griechische Bilder des Herakles mit dem Kind Eros auf der Schulter. Aber auch das alte mythische Symbol vom Fährmann, der die Menschen über den Fluss in die Anderwelt bringt, klingt hier an.

Christophorus gilt als Sinnbild des Gläubigen, der Christus bekennend durch die Welt trägt und so seine Seele rettet.

Tiefenpsychologisch ist Christophorus ein Vatersymbol, das Schutz, Hilfe und Kraft in schwierigen Lebenssituationen ausstrahlt.

Engel

Engel sind Boten Gottes. Sie gelten seit alter Zeit als Vermittler zwischen Himmel und Erde. Als Zwischenwesen bindet sie nichts an die irdischen Gesetze von Raum und Zeit. Und ihre Körper sind nicht aus Fleisch und Blut. Eher ähneln sie den Naturgeistern des Mittelalters, den Undinen, Sylphen und Gnomen, die die Naturelemente beherrschen, aber keine Seele haben (→*Elementarwesen – Naturgeister – Zwerge – Feen*).

In der christlichen Lehre stehen die Engel dem Menschen näher als Gott. In der Offenbarung des Johannes erscheint ein Engel dem Evangelisten und zeigt ihm in einer Vision die Herrlichkeit der Stadt Jerusalem. Als Johannes niederkniet, um den Engel anzubeten, hält ihn der Engel davon ab und fordert ihn auf, Gott anzubeten, denn er sei nur sein „Mitknecht". Vor Gott sind Menschen ebenso wie die Engel unvollkommene Wesen.

In der Bibel ist von sieben Erzengeln die Rede. Aber nur vier nehmen deutlichere Gestalt an und werden mit ihren Namen genannt. Sieben war eine heilige Zahl. Sieben Planeten kannte man damals. Jedem dieser Planeten wies man einen bestimmten Einfluss auf die Erde zu und ordnete ihm das Wirken eines bestimmten Engels zu.

Nach alter Lehre gelten die sieben Erzengel als sieben „Regenten der Welt", die „durch die Himmel, wie durch Werkzeuge, die aufgenommenen Einflüsse aller Sterne und Himmelszeichen in unsere untere Welt verteilen." Diese Lehre soll auf Hermes Trismegistos zurückgehen, dessen Gestalt und Herkunft bis heute in geheimnisvollem Dunkel liegen. Die Zuordnung zu einzelnen Planeten und Wirkkräften erinnert auch an die schon in frühen Zeiten bekannten astrologischen Lehren.

Die vier in der Bibel mit Namen genannten Erzengel sind Michael, Gabriel, Raphael und Uriel. Sie sind Boten Gottes und Herrscher über die vier Winde. Zugleich symbolisieren sie die vier Himmelsrichtungen (→*Die vier Himmelsrichtungen*). Alle vier stehen um den Thron Gottes und verkünden den Willen des Allmächtigen, jeder auf seine Weise.

Michael, der Streitbare, kämpft gegen Drachen, Schlangen und Dämonen. Er verteidigt das Reich Gottes gegen alle, die sich gegen Gott stellen. Aus dem Hebräischen übersetzt, bedeutet sein Name: Wer ist wie Gott? Alle, die sein wollen wie Gott, besiegt er mit seinem Schwert. Er kämpft für die göttliche Gerechtigkeit. Deshalb wird er häufig mit einer Waagschale in der Hand dargestellt. Er wägt die Seelen der Menschen am Jüngsten Tag. In der Psyche jedes Einzelnen verkörpert der Erzengel Michael die Kraft, die gegen den Dämonen der Selbstsucht, Eitelkeit und Selbstüberschätzung kämpft.

Der Erzengel Gabriel ist der Engel der Verkündigungen. Er kündigt die Geburt Johannes des Täufers an und prophezeit Maria die Geburt Jesu. Viele Bilder stellen ihn mit einer Lilie in der Hand dar. Sie gilt als Symbol der Vereinigung von Himmel und Erde. Sein Name bedeutet so viel wie: Gott ist allmächtig. Der allmächtige Gott versöhnt sich mit den Menschen, indem er ihnen seinen Sohn schickt. Gabriel symbolisiert die Wiedergeburt des Göttlichen im Menschen. Er verkündet die zweite, die innere Geburt des Menschen als Wesen mit göttlichem Ursprung.

Raphael gilt als der mildeste und gütigste unter den vier Erzengeln. Er ist der Tröster und Arzt der Menschen. Den Hirten erscheint er in der Weihnachtsnacht und beruhigt sie mit seinen Worten: „Fürchtet euch nicht!“ Als Zeichen ist ihm der Fisch, das Symbol Christi, zugeordnet. Raphael ist eng mit der Erlöseraufgabe Christi verbunden. Sein Name bedeutet: Das Heil Gottes. Wie Jesus wandert er wie ein Pilger durch die Welt, um die Menschen aus ihrer Zerrissenheit herauszuführen, sie wieder „heil“ zu machen. In uns verkörpert er die Botschaft des Mitleids und das Prinzip Hoffnung.

Uriel, der vierte der in der Bibel mit Namen genannten Erzengel, erhält in der Heiligen Schrift weniger konkrete Züge. Er gilt als die Flamme Gottes. Genau so lautet die Bedeutung seines Namens. Auf religiösen Abbildungen findet er sich selten. Man ordnet ihn dem Heiligen Geist zu. Denn dessen Zeichen ist ja ebenfalls die Flamme. Uriel ist Nachfolger des gefallenen Engels Luzifer im Himmel.

Im Volksglauben schützen die Engel Menschen, die in Gefahr geraten sind, vor allem Kinder und hilflose Wesen. Schutzengel geben Menschen in höchster Not die rettende Idee ein. Sie verkörpern eine höhere Bewusstseinsebene in uns, die zwar in uns vorhanden ist, zu der wir aber normalerweise keinen Zugang haben. Der strahlende unirdische Körper der Engel, von dem die Bibel berichtet, hat verblüffende Ähnlichkeit mit dem, was vielfach als der Astralleib des Menschen beschrieben wird. Der Astralleib ist das genaue Ebenbild des physischen Körpers, gleichsam sein Doppelgänger auf einer spirituellen Ebene. Asiatische und indianische Mythen berichten davon, dass jeder Mensch einen solchen Astralleib hat. Aber nur Weise und Schamanen sind auf Grund bestimmter Übungen im Stande, den Astralkörper eines Menschen zu sehen.

Der Volksglaube in vielen Kulturen kennt aber auch den Todesengel. Er geleitet Sterbende sanft in eine andere Welt. Menschen, die bereits klinisch tot waren und aus dem Zwischenreich wieder zurückkamen, berichten immer wieder von einer weißen Gestalt, die sie auf ihrem Weg begleitet habe. In irischen Märchen und Sagen taucht eine weiße Frau (Banshi) oft als Todesbotin auf. In buddhistischen Klöstern entwickelte man eine hohe Kultur, wie die Ablösung der Seele vom Körper geschehen soll. Die Verbindung zwischen Sternen, Engeln und der Seele des Menschen gehört zum festen Grundbestand der Mythen und Religionen.

Viele Menschen pflegen in ihren Träumen, Gebeten und inneren Bildern regen Umgang mit Engeln und fühlen sich durch sie geschützt und gestärkt. Ebenso sind Träume bekannt, in denen Engel in Gestalt eines schwarzen Ritters oder in allen möglichen anderen Erscheinungsformen Todesbotschaften überbrachten.

Elementarwesen – Naturgeister – Zwerge – Feen

In den Volksmärchen begegnen der Held oder die Heldin häufig den Wesen der Elemente, so wie sie bereits in den Schriften des Paracelsus dargestellt werden. Oft nennen diese Wesen sich ausdrücklich nach den Elementen, wie etwa die „Erdmännlein". Oder sie treten als weise und sprechende Tiere auf, zum Beispiel als Fisch, Bär oder Adler, die eine besondere Beziehung zu den verschiedenen Elementen haben. Ohne ihre Hilfe ist das gute Ende des Märchens fast nicht denkbar. Sie wissen um das „Lebenskraut" und um die Kunst der Verjüngung. Sie beherrschen die Heilkunst, tragen den Helden in andere Welten, zu fremden Sternen oder in für uns gewöhnlich nicht erreichbare Meerestiefen.

Oft verfügen die Elementarwesen über magische Kräfte und Hilfsmittel, die Menschen für ihre Gegner unüberwindlich machen, zum Beispiel durch Tarnkappen. Sie lassen den, der sie trägt, unsichtbar werden. Oder diese Wesen schenken den Menschen ein Zauberschwert, ein überschnelles Pferd, Kräuter mit geheimnisvollen Kräften oder ein Tischlein-deck-dich, mit dessen Hilfe sie jederzeit, selbst mitten in der Wildnis, eine perfekte Mahlzeit servieren können.

Paracelsus forderte die Menschen auf, an einsame Orte zu gehen, um dort von den Elementargeistern zu lernen.

Tiefenpsychologisch sind Elementarwesen, wie Elfen, Zwerge und Feen, meist als Symbole für hilfreiche Naturkräfte zu verstehen. Sie deuten auf Hilfsmöglichkeiten in scheinbar ausweglosen Situationen hin. In solchen Situationen gilt es oft, sich nicht allein auf die Problemlösungen zu verlassen, die unser Verstand uns anbietet, sondern sich mit den intuitiven Kräften zu verbünden. Diese Kräfte sind noch immer tief in unserem Inneren vorhanden und wollen nur neu aktiviert werden.

Zwerge gelten fast immer als Symbole geheimer Kräfte, Kenntnisse und verborgener Fähigkeiten. Sie scheuen den Menschen und verbergen ihre Schätze im Erdinneren. In den nordischen Mythen sind sie den Menschen meist nicht freundlich gesonnen. Wegen ihrer Zauberkräfte kann man sie nur durch List überwinden. Bei den Kelten sind sie als „kleines Volk“ etwas wie Jenseitswesen. Die Volkssagen kennen Zwerge aber auch als hilfreiche und dankbare Wesen, zum Beispiel in der bekannten Sage von den Heinzelmännchen zu Köln. In ähnlichem Sinne ist auch der moderne „Gartenzwerg“ als Symbol für die als freundlich empfundenen geheimnisvollen Naturkräfte zu verstehen. Oft schützen Zwerge das Erdreich. In Bergmannssagen treten sie als Hüter der tief im Erdinneren verborgenen Edelmetalle auf. Sie strafen Bergleute, wenn sie es an der nötigen Achtung ihnen gegenüber fehlen lassen. Andererseits helfen die Zwerge aber auch den Rücksichtsvollen unter den Bergleuten, wenn sie in Notsituationen geraten sind. Im Vordergrund steht in der Symbolbedeutung vor allem der irischen Sagen meist das neckend-boshafte Wesen der Zwerge und ihre Unberechenbarkeit.

Feen sind diejenigen Elementarwesen, die von ihrer äußeren Gestalt her Menschenfrauen am ähnlichsten sind. In den irischen Sagen und Märchen spielen sie eine wichtige Rolle als Mittler zur Anderwelt. Menschen können zu ihnen in Kontakt treten, manchmal selbst Beziehungen mit ihnen eingehen, aus denen sogar Kinder hervorgehen: Mischwesen, die nicht recht in diese, aber auch nicht voll zur anderen Welt gehören. Feen erfüllen Wünsche, legen aber Wert auf ihre

Unabhängigkeit und wollen nicht eingeengt werden. Die Volksmärchen kennen gute Feen, die Wünsche erfüllen, aber auch böse Feen, die Verwünschungen bewirken können und eher dem Bild der Hexe im Märchen ähneln.

Madonna

Maria als Schutzmadonna spielt in der christlichen Symbolik eine bedeutende Rolle. Dabei ist vor allem ihr Mantel, der sie umhüllt, ein Symbol des Schutzes und der Geborgenheit. In vorchristlicher Zeit übernahmen Muttergöttinnen, deren Abbilder teilweise noch heute in Deutschland erhalten sind, eine ähnliche symbolische Schutzfunktion.

Tiefenpsychologisch verweist dieses Symbol meist auf die Sehnsucht nach Erlösung von Schmerz, Schuld oder Leid. Zugleich deutet es aber auch auf die Kraft hin, die Probleme des Lebens zu bewältigen und sein persönliches Schicksal anzunehmen.

Der Gute Hirte

In der Bibel taucht das Bild vom Guten Hirten, der seine Schafe schützt, an vielen Stellen als Symbol für Christus auf. Auf Abbildungen trägt auch er, wie die Schutzmadonna, einen Mantel ähnlichen Umhang, der die Schutzsymbolik ausdrückt (→*Madonna*).

Schirm

Der Schirm ist ein uraltes Herrschaftssymbol. Wer unter der Schirmherrschaft eines Mächtigen steht, genießt dessen Schutz und erlangt Sicherheit. Manchmal ist damit allerdings auch Abhängigkeit, ein zumindest teilweises Aufgeben der eigenen Selbständigkeit und der freien Entscheidungsfähigkeit verbunden.

Dem modernen Menschen dient der Schirm eher als Schutz vor Natureinflüssen wie Sonne, Regen und Wind.

Tiefenpsychologisch deutet das Symbol des Schirms meist auf beschützende und beschirmende seelische Funktionen hin.

In der Höhle/durch einen Tunnel gehen

Seit uralter Zeit dienen Höhlen als Wohnungen und Zufluchtsstätten für den Menschen. Hier findet er Geborgenheit. Der Mutterleib ist ebenfalls eine **Höhle**, in deren Schutz neues Leben heranwächst. Als tiefenpsychologisches Symbol hat die Höhle daher oft die Bedeutung von Mütterlichkeit, Weiblichkeit und Geborgenheit. Auch die weibliche Sexualität kann gemeint sein, denn die Scheide ist ja ebenfalls eine Höhle.

Wirkt die Höhle einladend und behaglich, so kann das ein Hinweis auf Unsicherheit, Lebensangst, Schutzbedürfnis und Mutterbindung sein. Erscheint sie gefährlich, so deutet das Symbol eher auf Partnerschaftsprobleme oder Schwierigkeiten in der Beziehung zu den Menschen im näheren Lebensumfeld hin.

Höhle und **Tunnel** stehen symbolisch für das Eingeschlossen- und Abgetrenntsein. Oft drückt sich so das Gefühl von Einsamkeit aus, wie wir es vielleicht erleben, wenn wir allein in einer uns unbekannten Landschaft in einem fremden Land unterwegs sind. Solche Bilder treten oft in Lebenssituationen auf, in denen wir einen Schritt gehen müssen, von dem wir nicht wissen, wohin er uns führt. Wir spüren Angst und Unsicherheit angesichts dieser neuen Situation, aus der es kein Zurück mehr gibt. Bilder vom Durchschreiten eines Tunnels erleben Menschen angesichts des Todes, ebenso aber in allen anderen tiefgreifenden Veränderungssituationen ihres Lebens.

Haus – Schiff – Burg, Schloss

Haus. In der Sprache der Symbole sind fast immer wir selbst das Haus, das wir uns als Bild vorstellen. Und alles, was sich im Hause ereignet, geschieht in uns selbst. Das Äußere des Hauses, sein Zustand, der Ort, an dem es sich befindet, die Landschaft, die Umgebung, das alles gibt Auskunft über uns selbst. Alte Bilder stellen den Menschen als Haus dar. Darin haben selbst die einzelnen Stockwerke und Zimmer ihre besondere Bedeutung. Das obere Geschoss, der Dachboden, ist meist

Ausdruck für das, was sich in unserem Intellekt abspielt. Das Schlafzimmer spiegelt im Allgemeinen den Zustand unserer sexuellen Partnerschaft wieder. Die Küche gilt als Ort der Verarbeitung von geistiger oder seelischer Nahrung. Badezimmer und Toilette stellen Orte der psychischen Reinigung und Entlastung dar. Und der Keller ist im Allgemeinen der Ort des Unbewussten, an dem wir alte, oft unerledigte Konflikte verstecken, an dem uns alte Ängste aus der Kindheit begegnen.

Der Zustand des Hauses, je nachdem ob das Gebäude neu, stabil, baufällig oder heruntergekommen aussieht, gibt Rückmeldung über den Zustand unserer Seele.

Nicht nur in der Sprache der Bilder, sondern ebenso im realen Leben gibt das Haus Auskunft über seinen Erbauer, über seine Bewohner. Die Art und Weise, wie wir unser Haus gestalten, lässt Rückschlüsse über unseren Lebensstil zu. Unsere Wohnung, unser Haus, ist ein Ort des Selbstausdrucks unserer Persönlichkeit, in früheren Zeiten vielleicht noch stärker als in unserer Zeit, in der vieles genormt, von kollektiven Modeerscheinungen und weniger von individuellen Stilrichtungen geprägt ist.

Ein Beispiel für besonders individuell gestaltete Bauweise bietet C. G. Jung mit seinem „Turm" in Bollingen am oberen Zürichsee. Dieses anfangs als Wohnturm geplante Bauwerk erhielt für Jung starke persönliche Bedeutung. „Ohne meine Erde hätte mein Werk nicht entstehen können", sagte er auf sein Leben zurückblickend. Von Anfang an betrachtete Jung seinen „Turm" als einen Ort der Reifung, einen „Mutterschoß, oder eine mütterliche Gestalt, in der ich wieder sein konnte, wie ich bin, war und sein werde." Dort lebte er in seinen späten Jahren ein einfaches Leben in enger Verbundenheit zur Natur, auch zu den Geistern der Vergangenheit, wie immer sie beschaffen sein mögen.

In früheren Zeiten war das Haus weit stärker als bei uns heute Lebensraum für mehrere Generationen einer Familie. Das gesamte Leben, selbst die Berufsausübung, vollzog sich häufig im Haus. Heute dagegen stehen den Menschen außer ihrem Haus noch viele andere, zusätzliche Möglichkeiten für den Selbstausdruck ihrer Persönlichkeit zur Verfügung: das Auto als Statussymbol, Reisen, Freunde, der Beruf außerhalb des Hauses, die Zugehörigkeit zu Klubs, Vereinen, Interessengemeinschaften, Selbsthilfegruppen, die vielfältigen Angebote auf dem Gebiet der Freizeitgestaltung.

Früher bestand geringere Mobilität. Wer sein Haus baute, blieb an diesem Ort im Allgemeinen sein ganzes Leben lang. Heute dagegen bringt das Leben in einer mobilen Gesellschaft häufige Berufs- und Ortswechsel mit sich. Häuser werden heute mit weit größerer Selbstverständlichkeit verkauft und neu erworben, oft mehrfach im Laufe des Lebens.

Schiff. Bei den seefahrenden Völkern bestand zu ihren Schiffen eine ähnlich enge persönliche Beziehung wie bei den Landbewohnern zu ihren Häusern. Obwohl Schiffe als Fortbewegungsmittel dienten, waren sie doch im Grunde auch eine Art von Häusern auf dem Wasser, die den Menschen oft über lange Zeiträume Unterkunft auf ihren Reisen boten. Zugleich sind Schiffe aber auch Fortbewegungsmittel für die Seele und Bilder für inneres Wachstum.

Die uralte Sitte, den Bug von Schiffen zu schmücken, hat wahrscheinlich kultische Ursprünge. Mehr als fünftausendjährige Felszeichnungen aus Ägypten und Nubien zeigen Ruderboote mit hochgezogenem Vordersteven, der vom Kopf eines gehörnten Tiers gekrönt ist. Auch die Ritzzeichnung auf einer ägyptischen Knochentafel von etwa 2700 v. Chr. lässt ein gehörntes Tierhaupt auf dem Steven eines Bootes erkennen. Köpfe von gehörnten Tieren wie Hirschen, Antilopen oder Stieren zieren auch eine Reihe von bronzenen Schiffsmodellen des 8. und 7. vorchristlichen Jahrhunderts aus Sardinien. Ob es sich bei all diesen Darstellungen um geschnitzte Köpfe oder um originale Schädel von Opfertieren handelt, die auf die Steven montiert waren, lässt sich bis heute nicht mit Sicherheit sagen.

Von der indischen Küste berichten britische Forscher, dass dort noch vor rund hundert Jahren beim Stapellauf Schafe getötet und ihre Köpfe auf die Bugspitze gesteckt wurden. Und auf arabischen Schiffen nagelte man beim Stapellauf Schafsfelle auf den Steven. Dieser Brauch, das Fell eines Opfertieres an den Steven zu heften, war am Mittelmeer schon in der Antike üblich.

Der Tierkopf als Stevenzier mag der Beschwörung von Geistern, der Beschwichtigung der von Göttern verkörperten Naturgewalten gedient haben. Andererseits deutet dieses Haupt an der Spitze des Schiffes darauf hin, dass man das Fahrzeug als lebendiges körperliches Wesen betrachtete, welches Kopf und Schwanz besaß und den Menschen Schutz gab.

Alte Wandteppiche zeigen ebenso wie ein vollständig erhaltener Tierkopf aus der Schelde, dass die Drachenköpfe germanischer Schiffe abnehmbar waren. Die Wikinger setzten auf ihren Kriegsfahrten die ihnen Glück und dem Feinde Unheil bringenden Drachenköpfe beim Antritt der Reise auf die Steven. Bei der Rückkehr in die Heimat aber nahmen sie diesen Abwehrzauber vor der Landung wieder ab, um die guten Landgeister nicht zu erschrecken.

Burg, Schloss. Da seit alter Zeit Krieg und Verfolgung die Menschen bedrängten, erscheint die Sehnsucht nach Schutz und Geborgenheit begreiflich. Sie findet ihren Ausdruck in dem Symbol der Burg. Die Burg gewährt Sicherheit allein durch ihre besondere Lage auf einem Berg, von Wald, Wasser oder Schutzgräben umgeben. Da die Menschen ihre Zuflucht im Gottvertrauen finden, ist die Burg schon im Alten Testament, das Gott mit einer Burg vergleicht, die Schutz bietet, ein religiöses Symbol (Psalm 144, 2). Ähnlich heißt es in dem Luther-Lied: „Ein feste Burg ist unser Gott“.

Auf Wappenschildern finden sich häufig Darstellungen von Burgtoren und befestigten Türmen und Mauern als Hinweis auf die Wehrhaftigkeit der Stadt, die dieses Wappen führt.

In der tiefenpsychologischen Symbolik deutet eine Burg oder ein Schloss im Allgemeinen auf einen Bereich des seelischen Lebens hin, der mit altertümlichen, abenteuerlichen, märchenhaften Vorstellungen verbunden ist. Burgen sind aber auch häufig als Muttersymbol oder als Orte der Abgeschiedenheit zu verstehen.

Bilder, die die Kraft der Liebe stärken

Rose

Seit dem Altertum ist die Rose die Blume der Göttin Venus und damit zugleich Sinnbild der glücklichsten Zeit des Jahres, der Liebe und der Schönheit.

Erstaunlicherweise stimmt die Symbolbedeutung der Rose in vielen Kulturen und Religionen stark überein.

In Volksliedern und Legenden aus dem Mittelalter sitzt Maria, „die Mutter Gottes", im „Rosengarten" oder im „Rosental". Die Rose gilt aber auch als Symbol der Verschwiegenheit. Deshalb findet sie sich häufig in die Verzierung von Beichtstühlen geschnitzt.

Als Liebessymbol lebt die Rose bis in unsere Zeit hinein fort. Dagegen ist die weiße Rose in vielen Sagen und Legenden ein Todessymbol. In zahlreichen Wappen findet sich die Rose, häufig von oben gesehen, in roter, silberner oder goldener Farbe.

Als tiefenpsychologisches Symbol verkörpert sie meist Verehrung, Zuneigung und Liebe. Das gilt vor allem, wenn die Farbe der Rose rot ist. Oft drückt dieses Symbol auch den Wunsch aus, intensive Gefühle in der Partnerschaft zu erleben. Welkende oder schwarze Rosen weisen auf Enttäuschungen, absterbende Gefühle und Trennungen vom Partner hin.

Garten

Ein weiter Weg führt von den wild wachsenden Wäldern bis zu den heiligen Hainen unserer Ahnen. Vielleicht ebenso weit ist der Weg von ihnen bis zu den künstlich angelegten und gepflegten Gärten unserer Zeit. In der Sprache der Symbole haben Gärten fast immer eine positive, Kraft spendende Bedeutung.

Schon im Paradiesgarten gewährte der Schöpfer den Menschen einen geschützten Lebensraum, in dem sie vor allen Gefahren sicher leben konnten. In den Klöstern des Mittelalters gab es umschlossene Gärten, die man durchaus als Abbilder des verlorenen Paradieses verstand. Und schon die alten Griechen kannten die Symbolvorstellung von Gärten, in denen Äpfel wuchsen, die ewige Jugendkraft spenden.

Christliche Bilder zeigen umhegte Gärten oft als Sinnbild der Jungfräulichkeit, vor allem der Jungfrau Maria. Die sorgsam gepflegten und gestutzten „französischen Gärten“ der Herrscher galten als Ausdruck äußerster Kultivierung des Lebens. Dagegen ließen die sogenannten „englischen Gärten“ mehr Freiraum für natürliches Wachstum zu: ein Sinnbild für ein Lebensgefühl, das von Freiheitsliebe und Naturnähe bestimmt ist. Es gab Gartenanlagen, bei denen man erst die gesamte Umgrenzung umschreiten musste, ehe man die Eingangspforte fand: ein Sinnbild für die Entwicklung der Persönlichkeit des Menschen, bei der sich der innere Reichtum erst nach längerem Suchen erschließt. Ähnliche Symbolbedeutung haben auch die Irrgärten.

In diesem Bild zeigt sich oft das Leben in seiner ganzen farbigen Fülle. Besonders eindrucksvoll ist dieses Symbol, wenn in dem Garten ein →*Brunnen*, eine →*Quelle* oder ein Baum des Lebens (→*Lebensbaum)* vorhanden ist.

Der Garten gilt auch als Symbol für die kosmische Ordnung und für die partnerschaftliche Beziehung. Er zeigt Wachstum, Fruchtbarkeit und Lebensfreude an.

Hochzeit

Die Hochzeit ist in fast allen Kulturen ein Symbol für die Vereinigung unterschiedlichster Gegensatzpaare. Durch die Hochzeit vereinigen diese Gegensätze sich und wirken nicht mehr sich ausschließend oder als Konkurrenz, sondern sie ergänzen sich gegenseitig. Sie verschmelzen zu einer höheren Einheit, die als Ganzes mehr bedeutet als die Summe der einzelnen Teile, aus denen sie besteht.

In vielen alten Kulturen symbolisierte die Heilige Hochzeit die schöpferische Vereinigung zwischen Himmel und Erde, zwischen dem Männlichen und dem Weiblichen, Yin und Yang, zwischen Gott und Göttin. Bei den Kelten und in anderen älteren Kulturen vollzog der König mit einer Priesterin diese Vereinigung körperlich, um so die Fruchtbarkeit für das kommende Jahr und die kosmische Ordnung zu sichern. Den darin enthaltenen sexuellen Aspekt hob man später auf eine rein spirituelle Ebene. So entstand etwa das Sinnbild der mystischen Vereinigung von Gott und Mensch. Die Kirche galt als Braut Christi. Auch die Nonnen erhalten in den Ordensgemeinschaften der katholischen Kirche den Brautschleier und werden zur mystischen Braut Christi.

In der Tiefenpsychologie gilt die Hochzeit ebenfalls als Symbol für Vereinigung im weitesten Sinne. In der Hochzeit vereinigen sich Gegensätze. Diese Vereinigung kann sich auf die Partnerschaft beziehen. Oft ist aber auch die Auflösung ganz anderer Gegensätze, zum Beispiel beruflicher Art, gemeint. Manchmal ist das Bild einer Hochzeit mit einem Opferritual verbunden. Das kann bedeuten, dass Opfer an Gewohnheiten und Verhaltensweisen zu bringen sind, damit eine Beziehung sich harmonischer entwickeln kann.

Das Einhorn

Das Einhorn ist ein Fabelwesen, von dessen Vorhandensein in der Natur man von der Antike bis ins Mittelalter hinein fest überzeugt war. Tierbücher aus dem Mittelalter geben genaue Beschreibungen des Einhorns. Möglicherweise liegen dabei Verwechslungen mit dem indischen Panzernashorn vor.

In der Symbolik spielt das Einhorn bis in unsere Zeit hinein eine Rolle. Bis heute ist es im Staatswappen von Großbritannien enthalten.

Auf alten Bildern findet es sich meist als weißer, paarhufiger Hirsch mit einer Pferdemähne und einem schraubenförmig gedrehten Horn auf der Stirn dargestellt. Dem Horn schrieb man heilende Wirkung zu. Offenbar wegen seiner phallischen Bedeutung wurde das Horn des Nashorns zum Beispiel als Potenzmittel geschätzt.

Bekannt ist das Einhorn in indischen Mythen, in der Antike ebenso wie in den mittelalterlichen Rittersagen und den deutschen Volksmärchen. In der Minnedichtung ist „das Ross mit dem mächtigen Horn auf der Stirn“ das kraftvollste aller Tiergeschöpfe. Nur wenn es „einer reinen Jungfrau“ begegnet, wird es zahm und legt sich vertrauensvoll vor ihr nieder.

Auf abendländischen Abbildungen ist das ursprüngliche Sexualsymbol zum geistigen Symbol hin verändert. Die Stirn, aus der das Horn entspringt, ist der Sitz des Geistes. So entwickelt sich das Einhorn zum Symbol von Reinheit und Stärke. Das Tier kann nur von einer reinen Jungfrau gefangen werden, in deren Schoß es sich vertrauensvoll flüchtet. Daraufhin wird es von den Jägern gefangen und muss den Tod erleiden. Solche Bilder gelten als Symbol für die Empfängnis Jesu Christi durch die Jungfrau Maria. Ebenso enthalten sie den Hinweis auf den späteren Tod Jesu am Kreuz.

In der Tiefenpsychologie gilt das Einhorn als uraltes Symbol der Unschuld, Reinheit und Religiosität. Es ist kein bösartiges Ungeheuer, sondern ein Fabelwesen, das zu Moral, Verantwortungsbewusstsein, Ehrgefühl und Anstand mahnt. Oft weist es auf moralische Bedenken, auf Gewissenskonflikte oder Schuldgefühle hin.

Ring

Der Ring gilt seit alter Zeit als wichtiges Symbol für Unbegrenztheit. Denn ebenso wie der → *Kreis* ist der Ring ohne Anfang und Ende. Bei den Griechen und Römern gab es besondere Vorrechte für bestimmte Personengruppen, Ringe tragen zu dürfen. Bürger trugen eiserne Ringe als Auszeichnung für besondere Verdienste. Priester, später auch Ritter und Senatoren, trugen Goldringe.

Schon in der frühen christlichen Zeit gab es Schmuck ähnliche Ringe, die Symbole wie Fisch, Taube oder Anker trugen. Viel später erst erhielt der Ring seine Bedeutung als Symbol für Verlobung und Verheiratung.

Mit dem Tragen eines Ringes waren oft magische Vorstellungen verbunden. Ringe trug man als Schutz gegen die unterschiedlichsten Krankheiten, zur Abwehr von Krämpfen und Lähmungen. Der Karneol galt zum Beispiel als wirkungsvolle Hilfe gegen Blutungen. Ringe sollten aber auch vor Anfechtungen schützen und sogar geheime Zauberkraft besitzen.

Zerbrochene Ringe symbolisieren gebrochene Versprechungen, Bündnisse oder Verträge. Verliert man einen Ring, so bedeutet das im

Volksglauben Unheil. Sterbenden zog man ihren Ring ab, damit sie sich leichter von der Erde lösen konnten. Bei bestimmten kultischen Handlungen durften keine Ringe getragen werden, da sie den Kontakt zur Anderwelt erschwerten.

Siegelringe, meist mit Wappen versehen, hatten die Kraft, Urkunden zu beglaubigen und sogar Besitzansprüche nachzuweisen.

Ringe konnten unmittelbar mit Segen oder Fluch verknüpft sein, zum Beispiel der Ring des Nibelungen. In den Sagen und Märchen geben Ringe demjenigen, der sie trägt, Wünsche frei.

In seiner tiefenpsychologischen Bedeutung ist der Ring ein Symbol für Ewigkeit und ein Sinnbild für Treue und Verbundensein. Ähnlich wie der Kreis erhält er manchmal auch Schutzfunktion.

Apfel

Äpfel, Granatäpfel, Feigen und Quitten sind uralte Fruchtbarkeitssymbole. In den griechischen Mythen schenkte der Gott des Rausches, Dionysos, der Liebesgöttin Aphrodite einen Apfel. Herakles musste die Äpfel der Hesperiden, die ewige Jugendlichkeit bedeuteten, unter großer Gefahr von der Insel der Seligen holen. Auch nordische Götter hüteten Äpfel, deren Genuss ewige Jugend schenkte. Der Apfel des Paradieses stammt im christlichen Bereich vom Baum der Erkenntnis. Er gilt als Symbol der Versuchung.

Durch seine fast vollkommene Kugelgestalt wirkt der Apfel auch als kosmisches Symbol. Deshalb halten Kaiser und Könige neben ihrem Zepter einen Reichsapfel in der Hand. Er symbolisiert die ganze Welt (→*Ball, Kugel,* →*Kreis*).

In den Sagen der Kelten ist Avalon, das Apfelland, ein Symbol für überirdische Freuden. Alle Paradiese der alten Mythen waren Inseln von Fruchtgärten.

In der Psychoanalyse gilt der Apfel wegen seiner Ähnlichkeit mit der Form der Frauenbrust als sexuelles Symbol. Der Apfel kann auch auf geistige Fruchtbarkeit hindeuten.

Ball, Kugel

Schon im alten Mexiko, aber auch in vielen anderen alten Kulturen, gab es Spiele mit einem Ball, der aus Kautschuk, Leder, Wolle oder Stoff bestand. Solche Spiele hatten kultisch-symbolische Bedeutung. Sie stellten die Wanderung des Sonnenballs über den Himmel dar. In seiner Odyssee berichtet Homer von tänzerischen Ballspielen am Königshof.

In christlichen Bräuchen galt der Ball bei Klosterspielen als Symbol Christi, der auferstandenen Ostersonne. Dabei tanzten die Mönche in Frankreich zu Gesang und Orgelklang um das Labyrinth auf dem Boden, das es in vielen Kirchen gab, und warfen einander den Ball zu.

In unserer modernen Zeit übt der Ball, vor allem in seiner Eigenschaft als Fußball, überall in der Welt eine außerordentlich hohe Massenfaszination aus.

Tiefenpsychologisch ist der Ball, wie auch die Kugel, ein Symbol für Ganzheit. Sprachliche Begriffe wie Erdball oder Sonnenball drücken ein hohes Maß an konzentrierter psychischer Energie aus. Ähnlich wie in dem Märchen vom Froschkönig nimmt der Ball in Form einer goldenen Kugel eine Schlüsselrolle ein. Er deutet auf innere Wandlung und tief greifende seelische Veränderungen hin.

Muschel und Perle

Die Perle ist eine mit Edelsteinen vergleichbare Kostbarkeit. In ihrer Symbolbedeutung gilt sie als „mondhaft“ weiblich und wegen ihrer kugelrunden Form als Ausdruck der Vollkommenheit. Weil sie so selten vorkommt und in einer Muschel verborgen eingebettet liegt, ist sie auch ein Symbol der verborgenen Erkenntnis und Weisheit, zu der nicht jeder Zugang hat. Im alten Persien war die Perle ein Symbol der Jungfrau. Im Alten Testament der Bibel bestehen die Tore zum himmlischen Jerusalem aus Perlen. Bei den Griechen war die Perle Symbol der aus dem Meeresschaum geborenen Aphrodite (Venus).

In volkstümlichen Sprichwörtern bedeuten Perlen Tränen. Verstorbenen legte man in alter Zeit eine Perle in den Mund – offenbar als Entgelt für den Fährmann, der sie ins Jenseits bringt.

In den ostasiatischen Märchen und Sagen verhelfen Perlen zu Liebesfreuden. Im alten China stellte man sich vor, dass Muscheln durch den Donner bei Gewitter geschwängert würden. In ihnen wüchsen dann beim Schein des Mondes Perlen.

In der Tiefenpsychologie ist die Perle ein weibliches Symbol. Sie entsteht in der Auster, also in der Dunkelheit, tief im Verborgenen am Meeresgrund. Daher gilt die Perle auch als Symbol für das im Mutterleib heranwachsende Kind. Die höchste Kostbarkeit der Perle entsteht aus einem wertlosen Sandkorn. So verkörpert sie auch die Fähigkeit des Menschen, Negatives in Positives umzuwandeln (→*Ball, Kugel*, →*Kreis*).

Nachtigall

In der Antike war die Nachtigall ein Symbol für den Wohlklang der Sprache. Und Dichter bezeichneten die Nachtigallen als ihre Schüler. Ihre Name galt als ein anderes Wort für das Lied oder für die Poesie. Im Orient schätzte man die Nachtigall wegen ihres süßen Gesangs sehr. Und auch in Europa hatte ihr Lied die Bedeutung eines Glückszeichens. Im Volksglauben deutete man den Nachtigallenschlag aber auch als Hilferuf einer armen Seele im Fegefeuer oder als klagende Ankündigung des nahen Todes eines Menschen. Im christlichen Sinn äußerte sich in ihrem Gesang die Sehnsucht nach dem Paradies und dem Himmel. Aus dem Mittelalter stammt die Geschichte eines Ritters, der in Gefangenschaft geriet. Eine Nachtigall besuchte ihn in seinem Gefängnis und tröstete ihn mit ihrem süßen Gesang. Er fütterte sie mit Brotkrumen. Sie flog davon und brachte ihm in ihrem Schnabel einen kleinen Edelstein herbei. Der Ritter nahm den Stein und berührte damit seine Ketten. Und sie fielen von ihm ab. Er öffnete mit dem Stein die Gefängnistüren und konnte entkommen.

Die Nachtigall ist auch ein Symbol für Freiheitsliebe und Individualität.

Kolibri

So winzig klein dieser Vogel ist, er stellt ein geflügeltes Kraftpaket dar. Er kann in alle Richtungen, selbst rückwärts fliegen. Er fliegt von Blüte zu Blüte, um deren Nektar zu saugen. Seine Symbolbotschaft lautet: Freude, Liebe, Schönheit, Fruchtbarkeit, Beweglichkeit, Glück – auf allen Ebenen.

Bei den Maya galt er als Tier, das eine starke Verbindung zur Zukunft hatte. Etliche Indianerstämme sahen in ihm einen Regenmacher, und sie brachten ihn in enge Verbindung zum Regenbogen und zu Pflanzengeistern.

Bettler

In der herkömmlichen gesellschaftlichen Pyramide steht der Bettler an unterster Stelle. Die Rangfolge innerhalb der Gesellschaft spiegelt sich in einem alten Kinder-Abzählreim so wieder: Kaiser, König, Edelmann, Bürger, Bauer, Bettelmann. In Zeiten, in denen es kein soziales „Auffangnetz“ für Menschen gab, die durch Schicksal oder eigenes Verschulden in Armut gerieten, blieb nur das Betteln. Bettler verachteten oft materiellen Besitz. So konnten sie besser die Achtung vor sich selbst behalten. Andererseits waren sie selbst Verachtete. Ihr Nutzen für die Gesellschaft lag einzig und allein darin, dass sie den Wohlhabenden Gelegenheit gaben, Mildtätigkeit und Nächstenliebe zu üben. Bettler entwickelten sich in neuerer Zeit aber auch zu einer gut durchorganisierten Zunft, die sogar eine Art Zeichensprache schuf, um untereinander Informationen darüber auszutauschen, wo gute Aussichten auf reichliches Fließen milder Gaben bestehen.

Jesus selbst hat sich in besonderer Weise den Armen zugewandt. Etliche Heilige werden in Gesellschaft von Bettlern dargestellt: St. Martin, der die Hälfte seines Mantels einem Bettler schenkte; oder Elisabeth von Thüringen, die nach dem Tod ihres Mannes die Wartburg und das Leben adliger Kreise verließ. Sie zog selbst das Kleid einer Bettlerin an und lebte mit den Armen und Kranken in Marburg.

Christliche und buddhistische Mönche leben die konsequente Abkehr von materiellem Besitz und vom bürgerlichen Leben als Ideal. Angehörige sogenannter Bettelorden sollen sich ausdrücklich nur durch freiwillige Spenden ernähren.

In der tiefenpsychologischen Bedeutung weist das Symbol des Bettlers meist auf einfache, anspruchslose Lebensführung hin. Dieses Bild kann aber auch den Hinweis auf schwierige Lebensumstände oder auf persönliche charakterliche Unzulänglichkeiten im Existenzkampf enthalten.

Bilder, die Wunden heilen

Der Phönix aus der Asche

Der Phönix ist ein in der Symbolik vieler Kulturen wichtiges Fabelwesen. Er hat die Gestalt eines Reihers. Die Ägypter brachten ihn mit dem jährlichen Anschwellen des Nils in Verbindung. Aus diesem Bezug zur immer wiederkehrenden Erneuerung entwickelte sich bei den Griechen, Römern und in der christlichen Kirche die Symbolbedeutung des Vogels, der sich selbst verbrennt, wenn er alt wird. Aus der Asche steigt er danach wieder erfüllt mit neuem Leben auf. Er gilt als Symbol der sich ständig erneuernden Lebenskraft und der Unsterblichkeit. Als Unsterblichkeitssymbol ist er auch ein Bild für Christus, der den Tod durch die Auferstehung überwunden hat.

Im Judentum gibt es einen Mythos, der diese gleiche Symbolbedeutung in wunderschönen Bildern erzählt: Als die Urmutter Eva vom Baum der Erkenntnis gegessen hatte, erfasste sie der Neid auf alle Geschöpfe, die ohne Schuld geblieben waren. Deshalb verlockte sie die Tiere, ebenfalls von der verbotenen Frucht zu essen. Nur der Phönix hörte nicht auf sie. Zum Dank erhielt der Todesengel von Gott den Befehl, den Phönix vom Tod zu verschonen. Er sollte tausend Jahre leben dürfen. Dann würde ein Feuer von seinem Nest ausgehen und ihn verbrennen. Nur ein Ei sollte übrig bleiben, aus dem ein neuer Vogel schlüpft und weiterlebt.

Hand auflegen

Die Hand spielt in der Sprache der Symbole eine sehr vielfältige Rolle. Sie kann unterschiedliche Bedeutungen haben. Im Sinne des Ergreifens oder des Wegschiebens drückt sie durchaus auch ungünstige Bedeutung aus. Auf Amuletten kommt die Hand häufig als Schutzsymbol vor. Sie ist aber auch ein königliches Symbol und kann Herrschergewalt im positiven wie im negativen Sinne ausdrücken. Berühren mit der Hand ist vielfach Ausdruck von Kontaktmagie. Handauflegen bedeutet Weihe und Übertragung der eigenen Kraft auf einen anderen Menschen. Die Hand geben gilt in unserem Kulturkreis als freundliches Akzeptieren. Erhobene oder gefaltete Hände sind auf der Körperebene Ausdruck des Gebets. Bestimmte Fingergesten bedeuten Schwur, Segen, Siegeszeichen (zum Beispiel die Fingerhaltung des V für victory) oder auch Beschimpfung (Stinkefinger).

Der Hand des Königs schrieb man in alten Kulturen die Kraft zu, durch Berührung Kranke zu heilen. Die moderne Bewegung Touch for Health (Heilen durch Berühren) traut diese Fähigkeit grundsätzlich jedem Menschen zu und kann auf Erfolge verweisen. Berührung mit der Hand ist Ausdruck von Zuwendung und sie eignet sich allemal, Kranken Mut, Hoffnung und damit Kraft zum gesund werden zu geben.

Volkstümliche Redensarten spiegeln die unterschiedlichen Bedeutungen der Hand noch immer wieder, zum Beispiel: „eine Hand wäscht die andere“, „seine Hände in Unschuld waschen“, „für jemandem seine Hand ins Feuer legen“ als stellvertretende Unschuldsprobe bei mittelalterlichen Gottesurteilen, „Hand aufs Herz“ als alte Eidesform, „über jemanden die Hand halten“ im Sinne von Schutz geben oder „um die Hand der Tochter anhalten“.

In der tiefenspsychologischen Bedeutung sind Hände körperliches Instrument menschlichen Handelns. Fehlen sie, wie in dem Grimm-Märchen vom Mädchen ohne Hände, so deutet das auf die Notwendigkeit hin, bestimmte Schritte in der persönlichen Entwicklung nachzuholen, um Selbstständigkeit und Handlungsfähigkeit zu erlangen. Dementsprechend sind Verletzungen oder Verlust der Hände als Einschränkung oder Verlust der eigenen Handlungsfähigkeit zu verstehen.

Edelsteine

Edelsteine und Halbedelsteine dienen den Menschen seit alter Zeit als Schmuck. Aber auch als Meditationshilfe spielen sie bei vielen Völkern eine wichtige Rolle. Und man vertraut auf ihre Heilkraft. Durch ihre →*Farben* regen Edelsteine zugleich die Fantasie an. In geschliffenem oder unbearbeitetem Zustand haben sie seit jeher Bedeutung als Talismane, Amulette, aber auch als Symbole. Jade ist in China zum Beispiel ein Symbol für Vielfalt und Unendlichkeit. Der klare Bergkristall gilt als Symbol für vollendete Tugend und Klarheit im Denken. In christlichen Kulturen gilt er auch als Mariensymbol. Denn er leuchtet selbst nicht, aber er beginnt zu glänzen, wenn ihn der Strahl des göttlichen Lichts trifft. Hildegard von Bingen (1098-1179) schreibt den Edelsteinen übernatürliche Kraft zu. Bei vielen Völkern sind edle Steine, die ja erst durch Schliff und Bearbeitung ihre volle Schönheit entfalten, Symbole für einen Entwicklungsprozess im Sinne einer Veredelung, den jeder Mensch in seinem Leben durchlaufen muss.

Neben dem Bergkristall haben vor allem Diamant, Amethyst, Rubin, Jade, Türkis, Saphir und Smaragd Symbolbedeutung. Seit alter Zeit stellt man Beziehungen zwischen den einzelnen Planeten und Menschentypen her. Bestimmte „Kraftsteine“ sollen Menschen tragen, die sich mit den betreffenden Himmelskörpern besonders verbunden fühlen: Sonne – Diamant, Bergkristall, Turmalin und Rauchtopas; Mond – Perlen, Achat; Mars – Rubin, Granat, Koralle, Karneol; Merkur – Tigerauge, Topas, Achat, Bernstein; Jupiter – Smaragd, grüner Türkis, Jade, Malachit; Venus – Lapislazuli, Saphir, Aquamarin; Saturn – Amethyst, dunkelfarbener Onyx und Saphir.

Auch den einzelnen astrologischen Tierkreiszeichen werden bestimmte Steine als Symbole der Kraft zugeordnet: Widder – Blutstein; Stier – Smaragd; Zwillinge – bunte Steine; Krebs – Türkis oder Adular; Löwe – Rubin oder Diamant; Jungfrau – Beryll; Waage – Achat; Skorpion – Amethyst; Schütze – Türkis; Steinbock – Onyx; Wassermann – Bernstein; Fische – Koralle.

Farben

Natürlich spielt immer der Handlungszusammenhang eine Rolle, in dem eine Farbe mit einem Symbol vorkommt. Das Rot einer Verkehrsampel hat in im Allgemeinen eine Warnfunktion, was man von dem Rot eines wunderschönen Abendkleides sicherlich nicht ohne weiteres sagen kann. Dieses Rot wird meist eher Ausdruck für leidenschaftliche Liebe sein. Aber ganz eindeutig lässt sich nicht einmal das behaupten. Denn manche Menschen haben Angst vor Leidenschaft und Liebe. Also kann das Rot des Abendkleides bei ihnen als Warnfarbe auftreten.

Trotz solcher persönlichen Abweichungen lassen sich Farbbedeutungen beschreiben, die bei einer großen Zahl von Menschen überall auf der ganzen Welt immer wieder in gleicher Weise symbolhaft verstanden werden. Auf solche allgemein gültigen Bedeutungen bezieht sich die folgende Darstellung der Symbolaussagen einzelner Farben.

Grün

Grün ist die Farbe des frischen, neuen, naturhaften Lebens. Es zeigt daher oft das Wachsen und Entstehen von etwas Neuem an.

Grün kann aber auch die Bedeutung von unreif haben, wie eben unreife Früchte noch grün sind.

Manchmal kommt die Farbe Grün aber auch im Sinne der Redensart vor: Jemandem nicht grün sein. Sie deutet dann auf Neid oder Eifersucht hin.

Blau

Blau drückt als Farbe des Himmels meist Ferne, Weite und Unendlichkeit aus. Als Farbe des Wassers symbolisiert es aber auch das Unbewusste oder die weibliche Naturseite. Ein sehr dunkles Blau signalisiert oft Ruhe, Tiefe, Nacht und unter Umständen auch Tod.

Rot

Meist drückt die Farbe Rot Leidenschaft, Sinnlichkeit, Feuer und gesteigerte Vitalität aus. Aber sie kann auch ein ausgesprochenes Gefahrensignal sein, beispielsweise wenn es sich um das Rot einer Verkehrsampel handelt. Im Sinne der Redensart vom „Rot sehen“ deutet diese Farbe manchmal auch auf Zorn oder Wut hin. Mit Rot reizt man Stiere.

Gelb

Das Gelb ähnelt der Farbe des Goldes. In der Sprache der Symbole weist diese Farbe auf Kostbarkeit, auf Reife, auf Ernte und geistige Aktivität hin. Bei Menschen, die in eher nördlichen, sonnenarmen Regionen leben, deutet das Gelb häufig auf Wärme hin und auf jene lebensspendende Kraft, die vom Sonnenlicht ausgeht.

Weiß

In unserem Kulturbereich gilt Weiß als die Farbe der Reinheit und Unschuld. Als Farbe des Lichts kann Weiß manchmal auf etwas Heiliges oder Spirituelles hinweisen. Das gilt beispielsweise, wenn es sich um die Symbolbedeutung einer in weißes Licht gehüllten Gestalt handelt.

Im fernen Osten ist Weiß die Farbe der Trauer und des Todes. Auch diese Bedeutung kommt bei uns manchmal in der Sprache der Symbole vor.

Schwarz

Schwarz gilt bei uns im Allgemeinen als Signal für einen seelischen Stillstand, auch für Trauer und Tod.

Tritt das Schwarz in Zusammenhang mit der Farbe Weiß auf, so kann darin ein Hinweis auf Gegensätzlichkeiten liegen, wie wir sie von Begriffspaaren wie hell – dunkel, gut – böse, richtig – falsch her kennen. Sie wiederum deuten oft auf dunkle Eigenschaften in uns hin, auf unsere Schattenseite, die wir nicht so gern anschauen mögen.

Bilder der Inspiration und der eigenen Schöpferkraft

Kirche – Kapelle – Kathedrale – Moschee

Kirchen, Kapellen, Kathedralen oder Moscheen gelten als heilige Orte, an denen Menschen Gott nahe sein können, unabhängig davon, welcher Religion sie angehören. Kirchen waren seit alter Zeit Stätten des Friedens, der Zuflucht und des Schutzes, an denen keinerlei Streitigkeiten oder kriegerische Handlungen ausgetragen werden durften. Im christlichen Verständnis gilt die Kirche manchmal auch als Symbol für das himmlische Jerusalem.

In seiner tiefenpsychologischen Bedeutung ist das Symbol Kirche oft als Hinweis zu verstehen, sich mit der Frage nach dem Sinn des eigenen Lebens auseinander zu setzen. Kirchen, Kapellen, Kathedralen oder Moscheen spielen als Symbole verstärkt ab der Lebensmitte eine Rolle im Leben vieler Menschen. Meist geht es bei der Begegnung mit solchen Symbolen um Themen wie Selbstbesinnung, Läuterung, Wendung nach innen und ganz allgemein um die Entwicklung der Persönlichkeit. Das gilt auch für Menschen, die keine religiöse Erziehung erfahren und auch sonst keine religiöse Bindung entwickelt haben. Die Psyche versucht offenbar auf diese Weise, ein vorhandenes spirituelles Defizit auszugleichen oder auf das Bestehen eines solchen Defizits hinzuweisen.

Altar

Der Altar ist in vielen Religionen ein erhöhter Ort in einer Kirche oder in einem Kultzentrum. Hier finden heilige Handlungen statt und Opfer werden erbracht. Der Altar ist für die Gläubigen ein religiöser Mittelpunkt und oftmals auch ein Symbol für die Weltmitte. Nach altem Brauch war der Altar auch Zufluchtsstätte, an der niemand ergriffen werden durfte.

Taufe

Die Taufe ist ursprünglich eine rituelle Waschung durch Eintauchen oder durch Besprengen mit Wasser. Solche Waschungen spielten bei Geburts- und Todesritualen, aber auch bei Weihungsritualen eine Rolle. Die Taufe ist ein Symbol seelischer Reinigung. In ihrer tiefenpsychologischen Bedeutung symbolisiert sie auch die Reinigung von Fehlhaltungen. Sie steht am Beginn wichtiger Wandlungen und leitet Neuorientierungen ein.

Licht in der Dunkelheit

In fast allen Kulturen ist das Licht ein Symbol der Göttlichkeit und der Schöpfungskraft. Das Licht durchdringt die Finsternis, das Chaos, es schafft Leben und ist Voraussetzung für eine Weltordnung. Das Sonnenlicht gilt auch als Ausdruck des Erkennens. Die Dunkelheit ist nicht immer lebensfeindlich, sondern vielfach gilt sie als Gegenspieler des Lichts. Im Chinesischen ergänzen sich beide im Sinne von Yin und Yang, dem weiblichen und dem männlichen Prinzip. Im Gegensatz zum Licht der Sonne wird das Mondlicht als weiblich empfunden, weil der Mond sein Licht von der Sonne empfängt, nicht aus sich selbst heraus strahlt.

Im Schöpfungsbericht der Bibel ist die Trennung von Licht und Dunkelheit das erste Handeln Gottes. Viele christliche Bilder zeigen Lichtkränze und Heiligenscheine wie Sonnenstrahlen, die Menschen umgeben. Sie drücken auf diese Weise die enge Verbindung zu Gott aus. Das Jesuswort „Ich bin das Licht der Welt“ hat große Bedeutung durch die Symbolkraft des Lichts. Das als „ewiges Licht“ bezeichnete Lämpchen in katholischen Kirchen soll nach frommer Fürbitte auch für die Verstorbenen leuchten. Kerzen sind Träger des Lichts. Im Volksglauben geben sie Schutz vor Unheil, wenn die Gläubigen in ihrem Leuchten die himmlischen Helfer anrufen.

Auch in den östlichen Kulturen ist das Licht Symbol für Weisheit und das Erkennen der Wahrheit.

In der tiefenpsychologischen Bedeutung ist Licht Ausdruck von Bewusstsein, Verstand, Erkenntnisvermögen, geistiger und gefühlsmäßiger Klarheit, Ausgeglichenheit und Lebenskraft. Etwa im Sinne der Redensart „Licht ins Dunkel bringen“ beseitigt das Licht Unwissenheit und Zweifel. Was im Licht liegt, kann man erkennen und begreifen. Man braucht es nicht zu fürchten. Das Licht verkörpert daher den schöpferischen Geist. Licht ist auch Ausdruck von Hoffnung und Lebensfreude.

Wird das Licht allerdings zu hell, so wird es für uns Menschen unerträglich und fügt uns Schaden zu. Schwindet das Licht in der Dämmerung, so lassen Sicherheit und Zielstrebigkeit nach. Abnehmendes Licht kann auch Ausdruck der Angst vor Alter und Tod sein.

Sonne

Seit alter Zeit spürten die Menschen eindringlich, wie eng ihr Leben und Wohlergehen mit der Sonne verbunden ist. Ohne das Licht der Sonne ist kein Leben auf der Erde möglich. Deshalb kam der Sonne bei den meisten alten Völkern höchster Stellenwert zu. Für sie galt die Sonne als Gottheit. Denn die Sonne erscheint jeden Morgen neu. Sie gilt als Quelle des Lichts und des Lebens, und sie ist unsterblich. In China sah man in der Sonne das männliche Yang-Prinzip, im Mond das weibliche Yin.

Viele christliche Bilder stellen die immer wieder im Osten aufgehende Sonne als ein Symbol der Unsterblichkeit und der Auferstehung dar.

In der Tiefenpsychologie gehört die Sonne zu den positivsten Kraftsymbolen. Sie verkörpert starke schöpferische Energien und künstlerische Ideen. Sie löst Bewusstseinsprozesse aus und fördert die Entwicklung und Entfaltung der Persönlichkeit.

Hahn

Seit alter Zeit ist der Hahn ein Sonnentier, das mit seinem Krähen den Tagesanbruch ankündigt und die Nachtdämonen vertreibt. Auf manchen Bilddarstellungen finden sich Hähne, die mit ihrem Krähen selbst Löwen und allerlei Ungeheuer in die Flucht schlagen. Wegen seines feuerroten Kamms und seines im Licht schillernden Federkleids gilt der Hahn in vielen Kulturen als Symbol für Feuer und Sonne. Der „rote Hahn“ bedeutet so viel wie die Flamme. Als Verkünder des Lichts und als Rufer zum Morgengebet brachte man ihn auf Kirchtürmen an. Er gilt als männliches Symboltier für Fruchtbarkeit, im christlichen Verständnis aber auch als Symbol Christi, der den neuen Tag des Glaubens anbrechen lässt. Seine Eigenschaft als Wächter macht den Hahn zum Begleiter der Göttin Athene. Seine Kampfbereitschaft stellt ihn neben den Kriegsgott Ares/Mars. Auch gilt er als wirksamer Helfer bei der Überwindung von Krankheiten und als Sonnenverkünder. Das Wappentier Galliens bzw. Frankreichs ist ein Hahn. Denn das lateinische Wort „gallus“ bedeutet „Hahn“, aber auch „Gallier“. Gallier waren die Kelten. Bei den Germanen und Kelten war der Hahn ein Seelenführer, der die Verstorbenen in die Anderwelt begleitete. Mit seinem Schrei warnte er die Götter bei Gefahr.

Im Neuen Testament kräht der Hahn dreimal, als Petrus Jesus verleugnet. Der Hahn gilt deshalb auch als Tier des heiligen Petrus, des Schutzpatrons der Uhrmacher.

In der Tiefenpsychologie stellt der Hahn meist ein Symbol männlicher Sexualität dar.

Fackel

In ihrer Symbolbedeutung ist die Fackel weit mehr als ein Lichtspender. Mit ihrem lebendigen, stets wechselnden Licht spielte sie seit alter Zeit bei vielen Mysterienkulten eine Rolle, später auch bei politischen Aufmärschen und den Olympischen Spielen.

Erhobene Fackeln sind vielfach ein Symbol für Leben. Gesenkte Fackeln deuten mit ihrem Verlöschen auf den Tod hin. Ein Hund mit einer Fackel im Maul begleitet auf Bildern den heiligen Dominikus, den Gründer des Dominikanerordens. Die Fackel gilt auch als Symbol der göttlichen Weisheit und des Wachgerufenwerdens. Die Redewendung „nicht lange fackeln" geht auf die Eigenschaft der Fackel zurück, die manchmal unstet und schwankend brennt.

Tiefenpsychologisch ist die Fackel ein besonderes Symbol des Feuers und damit der Reinigung, Verwandlung, Erleuchtung, Freude und Hoffnung. Früher hat man das für die Entwicklung der menschlichen Kulturen so wichtige Feuer durch Fackeln weitergereicht. Nach der Hochzeit wurde der eheliche Herd durch eine Fackel entzündet. Daher ist die Fackel auch ein archetypisches Symbol für die Ehe. In Anklang an den Brauch bei den Olympischen Spielen kann sie allgemein als Symbol für die Weitergabe psychischer Energie zu verstehen sein.

Regenbogen

In vielen Kulturen gilt der Regenbogen als Symbol der Verbindung zwischen Himmel und Erde. In der Bibel kommt er nach der Sintflut als Zeichen dafür vor, dass Gott nun mit den Menschen versöhnt ist.

Der Regenbogen gilt in der christlichen Symbolik auch als Himmel und Erde versöhnendes Mariensymbol. Im alten China galt der Regenbogen als Zeichen der Vereinigung der männlichen und weiblichen Kräfte Yin und Yang zu einer Ganzheit.

Die Könige der Inkas trugen den Regenbogen in ihren Wappen. Im europäischen Volksglauben kündigt er Reichtum oder das Finden eines Schatzes an der Stelle an, wo der Regenbogen die Erde berührt. Keltische Goldmünzen aus vorgeschichtlicher Zeit bezeichnete man offenbar aus diesem Grund als „Regenbogenschüsselchen".

Der Regenbogen enthält sämtliche Farben des Lichtspektrums. Tiefenpsychologisch gilt er als Symbol der Ganzheit und der Vereinigung aller Gegensätze.

Blitz

Die alten Völker waren seit jeher von den Entladungen himmlischer Energie tief beeindruckt, die Feuer und Vernichtung auf die Erde brachten. Sie sahen darin einen Ausdruck übernatürlicher Mächte und ein Werk der Götter. Der Himmelsgott war es bei ihnen, der mit Axt oder Hammer seine Feinde auf der Erde vernichtete oder Menschen bestrafte, die ihm den Gehorsam verweigerten.

Der Blitz galt aber auch als Symbol überirdischer Erleuchtung und göttlicher Zeugungskraft. Er steht mit der Fruchtbarkeit der Felder in Verbindung. In der griechischen Mythologie fuhr der Göttervater Zeus als zeugender Blitz über den Himmel. Im Alten Testament ist der Blitz Ausdruck der unmittelbaren Anwesenheit Gottes, zum Beispiel als Mose am Berg Sinai die zehn Gebote erhielt.

Bei den Indianern in Nordamerika stammte der Blitz von übernatürlichen Donnervögeln. Sie stellten ihn durch das gleiche Zick-Zack-Zeichen dar, das bei uns üblich ist. In vielen Kulturen sieht man den Blitz als eine vom Himmel herunterstoßende Schlange.

In der tiefenpsychologischen Symbolik hat der Blitz mehrere Bedeutungen. Einmal gilt er als Ausdruck männlicher Vitalität. Das von ihm entzündete Feuer der Leidenschaft ist aber auch eine Flamme, an der man selbst verbrennen kann, da der Feuerstrahl meist völlig unvorhersehbar und mit aller Macht trifft. Ins Geistige übertragen deutet der Blitz häufig auf eine zündende Idee oder eine plötzliche Erleuchtung hin. Das gilt vor allem dann, wenn er weder Angst auslöst noch sonst Schaden anzurichten scheint.

Eule

Bei den Griechen war die Eule das Begleittier der Göttin Athene. In anderen Kulturen galt sie als Totenvogel und als vertrauenswürdige Begleiterin in die Anderwelt, in die die Menschen nach dem Tod gehen. Tod ist in diesem Zusammenhang aber nicht unbedingt als körperlicher Tod zu verstehen, sondern eher im Sinne von Sterben und Wiedergeburt oder von Ende und Neubeginn, so wie wir den Kreislauf in der Natur erleben.

Viele Indianerstämme in Nordamerika verwendeten Eulenfedern und Abbildungen der Eule als Fruchtbarkeitssymbol. Bei den Kelten kündigte der Ruf der Eule die Geburt eines Kindes oder den Tod eines Menschen an.

Die Weisheit der Eule ist sprichwörtlich. Bei vielen Völkern gilt die Eule als Symbol für Aufmerksamkeit, Bewusstheit, Beobachtungsgabe und Objektivität. Sie steht für das Weibliche, den Mond, die Nacht und die Heilkünste, nicht nur auf der Körperebene. Sie gilt auch als Symbol der Alten Weisen (→*Die Begegnung mit der weisen Frau/dem weisen Mann in Gestalt des Königs und der Königin*, →*Mutter*).

In der Tiefenpsychologie symbolisiert die Eule meist Ahnungsvermögen, tiefe Erkenntnis und Weisheit.

Skarabäus, Käfer

Unter der Vielfalt der verschiedenen Käferarten, die es auf der ganzen Welt gibt, sind zwei als Symboltiere besonders wichtig. Der Marienkäfer ist ein bekanntes Glückssymbol, das mit Maria zu tun hat und Orakelfähigkeiten besitzen soll. Der Skarabäus, Mistkäfer oder Pillendreher war im alten Ägypten und später in vielen anderen Kulturen ein wichtiges Symboltier der Sonne und der Sonnengottheit. Er gilt als männliches Symbol und steht für schöpferische Kraft, Wiedergeburt und fortdauernde Lebenskraft. Seine Lebensgewohnheiten haben beim Entstehen dieser Symbolbedeutung offenbar eine Rolle gespielt: Der Mistkäfer rollt ein wenig Mist zu einem Ball und legt seine Eier dort hinein. Nach vier Wochen holt er das Ei heraus, bringt es ins Wasser, und der junge Mistkäfer schlüpft aus. Daher symbolisiert der Skarabäus neues Leben. Das Rollen der kleinen Kugeln aus Mist erinnerte an den Lauf der Sonne am Himmel. Schutzamulette oder Schmuckgegenstände in Form eines Skarabäus sind bis heute als Glücksbringer sehr beliebt.

Eidechse

Bei vielen Naturvölkern gelten Eidechsen als Schöpfergötter. Als Kaltblüter liegen sie gern und viel in der Sonne. So erwecken sie leicht den Eindruck, als ob sie schlafen. Wohl deshalb gelten sie als Hüter des Traumzustands. Die Eidechse zählt auch zu den Glücksbringern. In der Antike brachte man sie mit dem Sonnengott Apollo in Verbindung.

Tiefenpsychologisch ist die Eidechse die harmlose Miniaturausgabe eines Drachens. Sie verkörpert das Unbewusste mit seinen Ahnungen (→*Der Kampf mit dem Drachen*, →*Krokodil*).

Krokodil

Im alten Ägypten spielte das Krokodil eine wichtige Rolle. Man sah in ihm ein Tier, das über magische Kräfte zu den Elementen Wasser und Erde und über einen engen Bezug zur Anderwelt verfügte. Der Gott Seth nahm die Gestalt eines Krokodils an. Bei etlichen Indianerstämmen war das Krokodil das Wesen, das abends die Sonne verschluckte. Indianische Mythen beschreiben, wie das Krokodil die Erde gebärt oder wie es sie auf seinem Rücken trägt. In den Mythen der australischen Eingeborenen taucht das Krokodil als Schöpfer auf (→*Der Kampf mit dem Drachen*).

Pfau

Der Pfau gilt bei uns als Ausdruck prunkvoller Schönheit. Wir verbinden mit ihm meist majestätisches, selbstbewusstes Auftreten. Er ist aber auch ein Symbol für die Pracht der Sonne und für Unsterblichkeit. Diese Bedeutung hatte er in der Herrscherdynastie des persischen Pfauenthrons. Bei den Griechen ordnete Hera, die Frau des Göttervaters Zeus, die Augen des Argus auf den Federn des Pfaus an. Sie sollten alles, auch das Verborgenste, sehen. Daher galt der Pfau als Symbol der Beobachtungsgabe und der Weisheit. Seine Federn verwendet man seit jeher als Schmuck und zu rituellen Zwecken. Im Mittelmeerraum galt der Pfau als Symbol für kosmische Einheit. Im Christentum ist er Symbol für Tod und Auferstehung Jesu Christi. Pfauenfedern finden sich auf Abbildungen der beiden Heiligen Barbara und Dorothea.

In einigen Kulturen hat der Pfau eine ähnliche Symbolbedeutung wie der Vogel Phönix, der sich selbst aus dem Feuer heraus neu erschafft (→*Der Phönix aus der Asche*).

In der Tiefenpsychologie ist der Pfau ein klassisches Wiedergeburtssymbol und gilt daher als sehr positiv. Wie der Pfauenschwanz alle Farben enthält, so vereinigt der Pfau symbolhaft alle in uns vorhandenen seelischen Gegensätze.

Rabe, Krähe

Raben sind sehr intelligente und kommunikationsbegabte Tiere. Sie können sogar sprechen lernen. In den alten Mythen gelten sie als ausgezeichnete Kuriere, die Botschaften zwischen den Welten weiterleiten.

Den germanischen Göttervater Wodan begleiteten zwei Raben. Sie hießen Hugin und Munin, das bedeutet „Denken“ und „Erinnerung“. Die beiden Raben informierten ihn über alles Wichtige, was auf der Welt geschah. Und sie halfen ihm bei seiner Tätigkeit als Heiler. Wodan selbst war imstande, sich in einen Raben zu verwandeln. In der Vergangenheit unserer Kultur gilt der Rabe daher als göttlicher Vogel.

Er ist auch ein Symbol für Tod und Wiedergeburt, wahrscheinlich wegen seiner Eigenschaft als Aasfresser.

In Sibirien, bei den Eskimos und bei den nordamerikanischen Indianern war der Rabe ein Schöpfergott. Für die Druiden in Irland hatte er die Bedeutung eines typischen Orakeltiers. Seine Schreie deuteten sie.

Bei den Griechen galt der Rabe als Begleiter des Sonnengottes Apollo.

Christliche Bilder stellen etliche Heilige zusammen mit Raben dar: vor allem Meinrad, den zwei zahme Raben begleiteten, aber auch Benedikt, Bonifatius und Oswald.

In zahlreichen Märchen spielen Raben die Rolle von verwünschten Menschen.

In der Tiefenpsychologie verkörpert der Rabe als Symbol die dunkle Seite der Psyche, den Schatten (C. G. Jung). Diese dunkle Seite gilt es anzuschauen, sich mit ihr auseinander zu setzen, wenn wir heil werden wollen.

Stichwortverzeichnis

Hier finden Sie die in diesem Buch behandelten Symbolbegriffe in alphabetischer Reihenfolge geordnet.

Literatur

Aeppli, Ernst: Der Traum und seine Deutung. Mit 500 Traumsymbolen, Zürich 1943

Bauer, Wolfgang/Dümotz, Irmtraut/Golowin, Sergius: Lexikon der Symbole. Mythen, Symbole und Zeichen in Kultur, Religion, Kunst und Alltag, München 2001

Biedermann, Hans: Knaurs Lexikon der Symbole, München 1998

Campbell, Joseph: Die Kraft der Mythen. Bilder der Seele im Leben des Menschen, Zürich und München 1994

Campbell, Joseph: Mythen der Menschheit, München 1993

Combs, Allan/Holland, Mark: Die Magie des Zufalls. Synchronizität – eine neue Wissenschaft, Reinbek bei Hamburg 1992

X **Dalichow, Irene**: Krafttiere – Boten der Göttin. Mit Krafttieren zu Energie und Heilung, München 1999

Dieckmann, Hans: Gelebte Märchen, Hildesheim 1978

Fromm, Erich: Märchen, Mythen, Träume. Eine Einführung in das Verständnis einer vergessenen Sprache, Hamburg 1996

Goodman, Felicitas: Trance – der uralte Weg zum religiösen Erleben. Rituelle Körperhaltungen und ekstatische Erlebnisse, 3. Auflage, Gütersloh 1996

Goodman, Felicitas: Wo die Geister auf den Winden reiten. Trancereisen und ekstatische Erlebnisse, 3. Auflage, Freiburg i. Br. 1995

Grof, Stanislav: Das Abenteuer der Selbstentdeckung. Heilung durch veränderte Bewusstseinszustände. Ein Leitfaden, Reinbek bei Hamburg 1994

Harner, Michael: Der Weg des Schamanen. Ein praktischer Führer zu innerer Heilkraft, München 1994

Harnisch, Günter: Das Glück im Sandkorn. Ein neues Lebensgefühl entdecken: Wie Sie auf Überflüssiges verzichten und aus kleinen Dingen große Freude gewinnen, Stuttgart 2000

Harnisch, Günter: Das große Traumlexikon. Über 1500 Traumsymbole von A bis Z psychologisch gedeutet, 8. Auflage, Freiburg i. Br. 2000

Harnisch, Günter: Die Botschaft der Angstträume. Was sie uns sagen – wie wir sie verstehen – wie sie uns helfen, Freiburg i. Br. 1997

Harnisch, Günter: Orte der Kraft entdecken und selbst gestalten, München 1999

Harnisch, Günter: Träume verstehen und selbst gestalten. Wie Sie Ihre Träume nutzen, um Probleme zu lösen; so befreien Sie sich von Alpträumen; mit Wachträumen die eigene Kreativität steigern, Stuttgart 1999

Hellinger, Bert: Ordnungen der Liebe. Ein Kursbuch, München 2001

Herriger, Catherine: Die Kraft der Rituale. Macht und Magie unbewusster Botschaften im Alltag, München 1993

Jung, Carl Gustav: Der Mensch und seine Symbole, Olten 1979

Jung, Carl Gustav: Gesammelte Werke, hrsg. von Lilly Jung-Merker, Elisabeth Rüf und Leonie Zander, Bd. 15, Über das Phänomen des Geistes in Kunst und Wissenschaft, 4. Auflage, Olten 1984

Jung, Carl Gustav: Synchronizität, Akausalität und Okkultismus, München 1990

Kast, Verena: Die Dynamik der Symbole. Grundlagen der Jungschen Psychotherapie, Olten 1996

Kast, Verena: Traumbild Auto. Von Grenzerfahrungen unseres Lebens, Düsseldorf 1992

Kast, Verena: Traumbild Wüste. Von unserem täglichen Unterwegssein, Düsseldorf 1993

Leuner, Hanscarl: Katathymes Bilderleben. Grundstufe. Einführung in die Psychotherapie mit der Tagtraumtechnik. Ein Seminar, Stuttgart 1982

Leuner, Hanscarl: Lehrbuch des Katathymen Bilderlebens, Bern 1985

Linn, Denise: Die Magie des Wohnens. Ihr Zuhause als Ort der Kraft, der Kreativität und der Zuflucht, München 1996

Lüdeling, Ingeborg M.: Steine, Bäume, Menschenträume. Ein spirituelles Erlebnisbuch mit 24 Übungen, Freiburg i. Br. 1997

Märchen der Brüder Grimm, München, Zürich 1937

Mardorf, Elisabeth: Das kann doch kein Zufall sein. Verblüffende Ereignisse und geheimnisvolle Fügungen in unserem Leben, München 1997

Ossowski, Herbert: Legenden der Heiligen, Recklinghausen 1989

Pogacnik, Marko: Elementarwesen. Die Gefühlsebene der Erde, München 1995

Pouplier, Mechthild: Traumbild Fisch. Vom Leben in der Tiefe, Düsseldorf 1992

Proust, Marcel: Auf der Suche nach der verlorenen Zeit, Bd. 1, Frankfurt 1961

Redaktion der Time-Life-Bücher: Geheimnisse des Unbekannten. Mystische Stätten, Amsterdam 1988

Riedel, Ingrid: Die vier Elemente im Traum. Feuer, Wasser, Luft und Erde, Düsseldorf 1993

Rinpoche, Sogyal: Das tibetanische Buch vom Leben und vom Sterben. Ein Schlüssel zum tieferen Verständnis von Leben und Tod, 19. Auflage, München 1996

Sheldrake, Rupert: Das Gedächtnis der Natur. Das Geheimnis der Entstehung der Formen in der Natur, Bern, München, Wien 1992

Sheldrake, Rupert: Die Wiedergeburt der Natur. Wissenschaftliche Grundlagen eines neuen Verständnisses der Lebendigkeit und der Heiligkeit der Natur, Bern, München, Wien 1991

Sheldrake, Rupert: Sieben Experimente, die die Welt verändern könnten. Anstiftung zur Revolutionierung des wissenschaftlichen Denkens, 4. Auflage, Bern, München, Wien 1995

Starhawk: Der Hexenkult als Ur-Religion der Großen Göttin. Magische Übungen, Rituale und Anrufungen, München 1992

Stevens, Jose/Stevens, Lena: Zur Quelle der Kraft. Schamanische Techniken für das Leben von Heute, Freiburg i. Br. 1994

Thich Nhat Tanh: Zeiten der Achtsamkeit, 2. Auflage, Freiburg i. Br. 1996

Thomas, Carmen: Vom Zauber des Zufalls. Eine Einladung zum Mitmachen, Köln 1998

Ulsamer, Bertold: Ohne Wurzeln keine Flügel. Die systemische Therapie von Bert Hellinger, München 1999

von Franz, Marie-Luise: Wissen aus der Tiefe. Über Orakel und Synchronizität, München 1987

von Rohr, Wulfing: Meditation. Die Kraft aus der Mitte – ein umfassender Übungsleitfaden, München 1995

Wollschläger, Maria-Elisabeth/Wollschläger, Gerhard: Der Schwan und die Spinne. Das konkrete Symbol in der Diagnostik und Psychotherapie, Bern 1998